AF388721

LES
CHEMINS DE FER
DE LA CORSE.

LES
CHEMINS DE FER
DE
LA CORSE

ENVISAGÉS AU POINT DE VUE DES INTÉRÊTS
COMMERCIAUX ET POLITIQUES
DE LA FRANCE DANS LA MÉDITERRANÉE

PAR

M. ANTOINE FABIANI

Membre du Conseil Général

Rédacteur en chef de *l'Observateur de la Corse.*

BASTIA

IMPRIMERIE FABIANI.

1864.

LES
CHEMINS DE FER
DE
LA CORSE.

CHAPITRE Ier.

Les chemins de fer de la Corse. — Divergences sur l'étendue
du réseau proposé. — Chemins de fer du continent : ancien
et nouveau réseau. — Subventions de l'État et garantie d'intérêt. — Nécessité d'accorder les mêmes avantages au réseau
corse.

La question des chemins de fer de la Corse
préoccupe au plus haut degré l'opinion publique.
Deux travaux remarquables à divers titres ont été
récemment publiés sur cette importante matiè-

re (1). Nos concitoyens n'ont pas oublié la grande
sensation produite par le lumineux et intéressant
rapport fait, au nom de la Société d'agriculture
de Bastia, par son digne Président M. Limperani,
ancien député. Les titres incontestables de la
Corse à la concession d'une voie ferrée ne pouvaient être exposés avec plus de clarté et de vi-
gueur, et nous sommes heureux d'avoir à constater que cette revendication énergique des droits
de notre pays n'est pas restée stérile.

Après M. Limperani, un personnage éminent
que tant de liens rattachent à notre pays, M. Conneau, premier médecin de l'Empereur, député au
Corps législatif et membre du Conseil général de
la Corse, s'est efforcé, avec une bonne volonté
dont nous devons lui être reconnaissants, de pré-
parer une solution qu'il croit de nature à satisfaire nos vœux et nos besoins. Placé sous ce
haut et puissant patronage, le projet de création
d'un chemin de fer en Corse appelle l'attention
de tous les hommes sérieux et se recommande,
d'une manière toute spéciale, à la bienveillante
sollicitude du gouvernement de l'Empereur.

---

(1) **M.** Conti, ancien receveur général, dont la Corse déplore la mort
recente, a été le véritable promoteur de la question des chemins de
fer insulaires. Dans la suite de ce travail, nous aurons à signaler les
consciencieux efforts de ce digne et regrettable citoyen.

M. Conneau a fait connaître la solution qui, d'après lui, devrait être donnée à la question des chemins de fer de la Corse, et nous a conviés à la discussion de ses idées. Il aime la vérité, et s'il s'est trompé, il désire qu'on le lui prouve. En abordant, à notre tour, l'examen de cette importante affaire, nous sommes encouragé par ce loyal appel qui révèle un esprit libéral et des convictions sincères. D'accord avec l'honorable député sur la question de principe, nous serons obligé de constater quelques divergences sur les moyens d'exécution. Nous le ferons avec la respectueuse déférence que nous devons à un homme aussi considérable; et en recherchant, avec une égale ardeur et la même conviction, les moyens d'obtenir un résultat favorable, nous nous efforcerons, en même temps, de prouver que nous n'avons pas perdu de vue cette sage devise : *l'union fait la force.*

M. Conneau s'intéresse vivement à la création du chemin de fer de la Corse : il reconnaît que ce chemin de fer doit relier Ajaccio et Bastia, les deux villes les plus importantes de l'île, et que, sur ce point, aucun désaccord ne saurait s'élever dans notre pays. Il pense néanmoins que nous devons nous borner, pour le moment, à demander la construction de la ligne de Bastia à Bonifacio, sauf à réclamer ultérieurement l'exécution de la seconde partie du réseau destinée à assurer au centre et à la partie occidentale de la Corse les précieux avantages qui découlent de la création des chemins de fer.

Nous reconnaissons volontiers que la ligne de Bastia à Bonifacio est d'une construction facile et peu coûteuse. Nous ne contestons point les difficultés plus sérieuses que l'on aura à surmonter pour ouvrir la seconde partie du réseau. Et certes, si une fin de non-recevoir absolue devait s'opposer à la concession totale et immédiate d'un chemin de fer entre Bastia et Ajaccio, nous accepterions provisoirement, comme un immense bienfait, la ligne unique de Bastia à Bonifacio, qui desservirait les contrées les plus riches et les plus productives de ce département. Mais nous croyons, au contraire, que les chemins de fer de la Corse n'ont de chances sérieuses d'exécution que tout autant que le tracé projeté aurait aussi pour but de relier Ajaccio et Bastia : la politique, les convenances et l'intérêt de nombreuses populations ne permettent pas de tenir à l'écart la partie occidentale de l'île.

Si nous avons bien compris la pensée de M. le docteur Conneau, dont nous signalons d'ailleurs les réserves expresses en faveur de l'arrondissement d'Ajaccio, les chemins de fer de la Corse devraient être l'objet d'une double concession. La

première ne comprendrait que la ligne de Bastia
à Bonifacio, et il serait procédé immédiatement
à l'exécution de ce travail. La seconde partie du
réseau serait réservée pour être, tôt ou tard, con-
cédée soit à la même compagnie, soit à toute autre
qui pourrait se présenter.

C'est là, nous le déclarons sans hésiter, la divergence principale et la seule sérieuse qui nous
sépare de M. Conneau. A notre avis, la ligne de
Bastia à Bonifacio et l'embranchement sur Ajaccio
doivent faire l'objet d'une concession unique. Il
faut que, dès le principe, les droits des populations soient définitivement reconnus et mis à l'a-
bri de toute discussion. Ces deux systèmes offrent
cependant plus de points de contact qu'on ne
pourrait le supposer au premier abord. La concession simultanée n'implique pas l'exécution immédiate de tout le réseau; des délais différents
pourraient être accordés à la compagnie pour
l'achèvement des deux sections projetées.

La concession simultanée est le seul moyen
d'assurer la construction de l'embranchement sur
Ajaccio. Cette partie du réseau corse n'offrira pas,
ainsi que nous l'établirons plus tard, les ressources nécessaires pour couvrir intégralement et dès
le début l'intérêt du capital dépensé et les frais
d'exploitation, tandis que la ligne de Bastia à
Bonifacio assurera aux actionnaires un dividende

considérable. Si l'on ajourne la concession de l'embranchement sur Ajaccio, il sera difficile de trouver plus tard une compagnie qui veuille entreprendre ce travail. Il est donc indispensable de confier, en même temps, l'exécution de tout le réseau à une seule compagnie, afin que l'on puisse tenir compte de l'excédant de recettes de la ligne du littoral pour combler le déficit de la ligne la moins productive. C'est cette considération qui nous décide plus particulièrement à revendiquer les droits du centre et de la partie occidentale de l'île.

Les hésitations de M. Conneau prennent leur source dans une préoccupation qui malheureusement n'est que trop fondée. Cet éminent ami de la Corse a pu apprécier, en diverses circonstances, les préventions dont notre pays est l'objet. S'il propose aujourd'hui de borner nos désirs, c'est parce qu'il connaît les oppositions soulevées contre nous et les difficultés sérieuses qu'il faudra surmonter avant d'obtenir une concession même partielle.

Nous comprenons ces appréhensions et nous les partageons dans une certaine mesure. Mais notre confiance dans le succès n'est pas diminuée. Ce n'est pas sous le goûvernement de l'Empereur Napoléon III que les droits de la Corse peuvent être méconnus. Aussi, pensons-nous qu'au lieu de

reculer devant les injustes préventions qui nous
poursuivent, il convient de leur faire face et de
les frapper d'impuissance. On a abusé de cet argument faux et malveillant, que la Corse est une
charge pour le Trésor et que les dépenses de l'É-
tat y restent improductives. Le moment est venu
de protester avec la plus grande énergie contre
ces appréciations erronées et de rétablir la vérité
des faits.

Les démarches timides, qui sont faites pour réclamer la création d'un chemin de fer en Corse,
et l'obligation que l'on semble s'être imposée de
ne formuler que des vœux très-modestes, nous
éloignent du but que nous voulons atteindre. Il
ne nous est pas possible d'approuver une sem-
blable attitude. Il ne faut pas agir comme si nous
ne comptions que sur une surprise pour obtenir
la concession d'une voie ferrée. Nos vœux doivent être fermement, nettement formulés. Nous
sommes sans doute tenus d'éloigner tout reproche de prétentions exagérées ; nous sommes
même disposés à considérer, si l'on veut, l'établissement d'un chemin de fer comme une faveur, mais nous affirmons que nous avons droit
à une telle faveur. Nous ne pouvons nous résigner à faire appel à la générosité ; nous ne demandons pas une aumône, nous venons, au contraire,
réclamer, au nom de l'équité et de la justice, une

mesure de réparation à laquelle nous avons des droits incontestables.

Nous aurions compris ces hésitations et ces craintes, il y a quelques années, alors que les chemins de fer paraissaient exclusivement réservés aux contrées les plus riches et les plus populeuses. Les rails-ways de la Corse pouvaient passer pour une utopie au moment où la France n'était traversée que par trois ou quatre grandes lignes. Aujourd'hui il n'en est plus ainsi : les chemins de fer sillonnent en tous sens le vaste territoire de l'Empire. Ils sont devenus une condition absolue de prospérité et de bien-être; les contrées qui en sont encore privées se considèrent, avec raison, comme injustement déshéritées, et tous les efforts du gouvernement tendent à donner satisfaction aux légitimes réclamations des parties intéressées.

Pendant la seule année 1863, quarante-deux lignes nouvelles ont été concédées à diverses compagnies à titre, soit définitif, soit éventuel. Les concessions faites pendant ledit exercice offrent un parcours de 3,382 kilomètres, ce qui porte à 20,380 kilomètres le développement total des lignes concédées, soit 229 kilomètres par département et 392 kilomètres par million d'hectares. Pour que l'équilibre fût rétabli, il faudrait donc à la Corse, en égard à sa superficie, 339 kilomè-

tres de chemins de fer et **229** kilomètres seulement si l'on ne tenait compte que du nombre des
départements.

La dépense totale, pour l'exécution du réseau
déjà décrété et concédé (non compris les nombreux projets qui sont encore à l'étude), s'élèvera
à la somme énorme de 8 milliards 750 millions
environ, soit 98 millions par département, 168
millions par chaque million d'hectares et **243** fr.
par habitant. En répartissant le capital d'après
ces trois systèmes, la part de la Corse devrait être
de 98 millions avec le premier système, de 146
millions avec le second et de 61,300,000 fr. avec
le troisième.

Si le principe de justice distributive, qui doit
toujours présider aux actes du gouvernement,
était appliqué dans l'espèce, les vœux de la Corse
seraient bientôt satisfaits. Nous parlons à dessein
des *actes du gouvernement*, parce que la création
des chemins de fer, avec une subvention de l'État
et une garantie minimum d'intérêt, rentre dans
l'ordre des travaux publics que les populations
ont le droit de solliciter du pouvoir central.

On objecterait en vain que les concessions de
chemins de fer ne peuvent être accordées que
pour venir en aide aux grands courants commerciaux et pour assurer des communications promptes et commodes aux centres les plus riches et les

plus populeux. Pour se convaincre du contraire,
il suffit de jeter un coup d'œil sur la carte de
la France et d'étudier le réseau des voies ferrées livrées à l'exploitation ou en cours d'exécution : on reconnaîtra immédiatement qu'il n'est
pas un département du continent, alors même
qu'il ne constitue ni un grand centre d'activité,
ni un foyer de richesse, qui ne profite déjà ou
qui ne soit appelé à jouir bientôt des précieux
avantages qui découlent de cette heureuse innovation. Des embranchements considérables par-
tent des grandes artères pour pénétrer dans les
contrées les plus pauvres et les moins peu-
plées. Les massifs des Alpes et des Pyrénées,
où l'établissement des chemins de fer semblait
devoir être reculé de plus d'un siècle, sont eux-
mêmes dotés de nombreuses lignes, dont quelques-unes ont un développement égal à celui du
réseau projeté pour la Corse.

Ces grands résultats ont été obtenus à l'aide
de combinaisons financières dont nous réclamons
le bénéfice en faveur de notre pays. Sur les 20
mille 380 kilomètres de chemins déjà exploités
ou concédés, 19,573 sont compris dans les concessions des six grandes compagnies du Nord, de
l'Est, de l'Ouest, d'Orléans, de Lyon-Méditerranée et du Midi. Un millier de kilomètres à peine
ont été maintenus à des compagnies diverses qui

n'ont pas cru devoir fusionner avec les six grandes compagnies dont les concessions se divisent en ancien et nouveau réseau.

L'ancien réseau concédé, avant la fin de 1853, avait un développement total de 7,774 kilomètres. Des lois spéciales avaient établi le principe de l'intervention de l'État dans le cas où elle serait jugée indispensable, par des subventions aux compagnies concessionnaires ou même par l'exécution des travaux aux frais du trésor. Pour ne parler ici que des subventions en travaux ou en argent imputées sur les fonds du trésor public, nous rappellerons que l'ancien réseau a reçu une somme de 732 millions de francs, soit près de 100 mille francs par kilomètre. Et il n'est pas inutile de constater que cette énorme contribution de l'État s'appliquait aux lignes principales qui étaient assurées de trouver dans l'exploitation des ressources exceptionnelles. Il est essentiel de ne pas perdre de vue ces chiffres importants.

Passons maintenant au nouveau réseau. Pour satisfaire aux vœux des populations, le gouvernement avait décrété ou préparé la concession de nombreuses lignes secondaires dont le développement devait être bien plus considérable que celui des lignes principales. Pour exécuter ces travaux, il fallait se condamner à des dépenses énormes avec la perspective d'un produit incertain.

On proposa la suppression ou l'ajournement indéfini, dans chaque réseau, des lignes présumées les moins productives; mais on ne tarda pas à reconnaître qu'il n'était pas possible de s'arrêter à ce système, parce que les populations attendaient avec confiance ce moyen de prospérité et de progrès sur lequel elles avaient le droit de compter, et qui leur était d'autant plus nécessaire qu'elles en avaient été privées plus longtemps; on refusa donc de commettre un *acte injuste, impolitique* et contraire à l'équité (1).

L'accord intervenu entre les grandes compagnies et l'État permit de donner suite aux travaux proposés. Les six grandes compagnies en assumèrent la lourde charge, en échange de concessions avantageuses et de fusions autorisées qui les garantissaient contre la concurrence. Pour assurer l'exécution des nombreuses lignes réclamées par les populations intéressées et pour donner une satisfaction à tous les besoins réels, le gouvernement entra résolument dans une voie nettement indiquée par la justice et l'équité. Il accorda spécialement, et d'une manière distincte, aux lignes formant le nouveau réseau qui dépasse aujourd'hui 12 mille kilomètres, une garantie d'in

(1) Exposé des motifs du projet de loi adopté le 18 mai 1859

térêt fixée à 4 pour cent pendant cinquante années, avec amortissement calculé au même taux et pour le même terme. Cette garantie d'intérêt ne porta aucune atteinte au principe déjà établi des subventions de l'État en travaux ou en argent. Les 12,606 kilomètres, formant le nouveau réseau, ont reçu, en effet, une subvention de 728 millions, soit 58 mille francs par kilomètre, réduction que légitimait l'abaissement du prix de revient de la construction des rails-ways dans des contrées où la valeur des terrains et les travaux d'art étaient moins considérables.

Cette mesure intelligente rétablissait l'équilibre en faisant contribuer les centres riches et populeux à l'exécution des chemins de fer destinés à féconder les départements les plus pauvres; elle appliquait heureusement le principe de solidarité, qui doit unir toutes les régions de l'Empire, principe d'équité politique, sans lequel on verrait surgir de tristes inégalités et de choquantes disproportions.

Il nous serait très-facile d'établir, par des chiffres incontestables, que plusieurs des lignes secondaires, déjà concédées et même livrées à l'exploitation, doivent desservir ou desservent soit dans le Sud-Ouest de la France, soit du côté des frontières des Alpes et des Pyrénées, des départements dont l'industrie et le commerce sont moins déve-

loppés que l'industrie et le commerce de la Corse.
Il nous serait très-facile de démontrer que ces lignes traversent des parties du territoire dont la production très-restreinte n'était pas susceptible d'un grand accroissement et où la création d'une voie ferrée ne laissait pas entrevoir, comme dans notre pays, une transformation complète aussi profitable aux intérêts généraux qu'aux intérêts privés. Il ne nous serait pas moins aisé de prouver que peu de lignes secondaires offraient en perspective 400 mille hectares de terres fertiles à rendre à l'agriculture, l'exploitation de forêts sans rivales, de carrières déjà renommées et de gisements minéralogiques, dont la richesse s'est révélée dans ces dernières années.

Les statistiques que nous publierons ultérieurement viendront justifier ces assertions. Revenons, pour le moment, aux chiffres que nous avons placés sous les yeux de nos lecteurs. Il résulte de ces chiffres que l'État a contribué aux dépenses de l'ancien réseau par une subvention moyenne de 100 mille francs le kilomètre, et aux dépenses du nouveau réseau par des subventions qui, en moyenne, ne dépassent pas 58,000 fr. le kilomètre, mais qui, pour quelques lignes, se sont élevées jusqu'à 120,000 fr., non compris la garantie minimum d'intérêt de 4 pour cent par an, avec amortissement fixé au même taux. Nous demandons que l'on accorde aux chemins de fer de la Corse une subvention suffisante et la garantie d'intérêt pour le capital dépensé. Nos vœux ainsi formulés ne peuvent être taxés d'exagération, à moins que l'on ne veuille établir entre la Corse et les autres départements une distinction contre laquelle protesteraient la justice et les intentions bienveillantes du gouvernement.

Nous avons cru qu'il était nécessaire d'entrer dans ces détails, afin de faire connaître à nos compatriotes l'étendue des obligations de l'État et les sacrifices qu'il s'est imposés pour développer cette partie des travaux publics. Les préventions que M. le docteur Conneau nous signale, sont connues des habitants de ce département. En leur indiquant les obligations ordinaires du Trésor, nous croyons réagir, d'une manière efficace, contre les oppositions et les difficultés qui essayeraient de nous faire obstacle. Mieux renseignées sur l'étendue de leurs droits, persuadées que leurs vœux sont réalisables, les populations de la Corse donneront à leurs légitimes aspirations un ensemble et une énergie qui seront le meilleur gage du succès.

Nous ne devons donc pas redouter l'application du proverbe : *qui trop embrasse mal étreint.* En demandant pour un département, dont la superficie est de près d'un million d'hectares, un réseau

dont le développement ne dépassera pas 298 kilomètres, nos prétentions ne sont ni prématurées
ni exagérées. Aucun homme juste et impartial ne
saurait nous adresser un pareil reproche. Quant
aux esprits prévenus ou irréfléchis, qui envisa-
gent avec défaveur tous les projets proposés pour
l'amélioration matérielle de notre pays, essayons
de les convertir par l'évidence des faits. S'ils
s'obstinent, dédaignons leur opposition. Quand
on a pour soi le droit et la vérité, on est sûr de
gagner sa cause devant l'opinion publique et l'on
est surtout assuré du concours du gouvernement
de l'Empereur, qui sait rendre à chacun la justice
qui lui est due, et qui a traité trop favorablement
la Corse pour que nous ayons à redouter de voir
nos espérances déçues et nos vœux méconnus.

CHAPITRE II.

Chemins de fer algériens. — Préventions injustes contre notre île. — La Corse et le budget depuis 1769. — Dépenses
effectuées pour les travaux publics. — Routes, ports et desséchement des marais. — Résultats obtenus malgré l'insuffisance des crédits alloués.

Nous avons fait connaître les sacrifices que
l'État s'est imposés pour faciliter, sur le continent, la création d'un réseau de chemins de fer,
dont le développement dépasse déjà la moitié du
parcours de toutes les routes impériales. Si, d'autre part, nous portons nos regards au delà de nos
frontières, nous voyons tous les États de l'Europe donner aux travaux des chemins de fer une
impulsion fiévreuse. Chacun a compris qu'il fallait, sous peine de perdre toute influence politique et commerciale, suivre la France et l'Angleterre dans la voie où elles étaient entrées avec
tant de résolution.

En signalant les mesures économiques, auxquelles les divers gouvernements ont eu recours

pour faciliter l'établissement des rails-ways, nous dépasserions les limites de ce travail, et d'ailleurs cette étude serait sans influence sur la solution de la question qui nous occupe. Nous pourrions, en outre, faire remarquer que les Indes occidentales et orientales, l'Amérique centrale, l'Australie elle-même possèdent des chemins de fer; mais il est inutile de chercher si loin des exemples que nous avons, pour ainsi dire, sous la main, pour démontrer que les chemins de fer sont devenus une condition d'existence indispensable à tous les peuples, et dont les pays pauvres ont plus particulièrement besoin.

Est-il nécessaire de rappeler que notre colonie algérienne a été dotée de plusieurs lignes de chemins de fer? Les concessions déjà effectuées dépassent 550 kilomètres, et il est certain que l'on ne tardera pas à faire de nouvelles études pour desservir par la vapeur les contrées les plus reculées. Ainsi les indigènes, les kabyles encore insoumis ou tout au moins peu sympathiques à la France, seront appelés à profiter de cet immense bienfait; ils possèderont ce puissant levier de civilisation alors que la Corse en serait encore privée. L'État doit contribuer pour une somme de 80 millions à l'établissement des lignes déjà concédées, non compris une garantie exceptionnelle de 5 pour cent accordée à la compagnie de Lyon-Méditerranée, qui s'est chargée de la construction du réseau algérien. Si nous venions réclamer pour la Corse les mêmes avantages, pourrait-on nous taxer de prétentions excessives?

Il n'entre pas dans notre pensée de comparer la Corse à l'Algérie; mais nous accusera-t-on d'exagérer si nous persistons à faire ressortir son importance relative, la richesse et l'exceptionnelle fertilité de son sol? Nous pourrions sans doute, en comparant les sommes énormes que nous ont coûté la conquête et la colonisation de l'Algérie, avec les allocations insuffisantes accordées pour les travaux publics de la Corse, établir que si notre pays eût été traité avec la même faveur, il aurait, toutes proportions gardées, mieux contribué que l'Algérie au développement de la puissance de l'Empire. Mais il faut nous résigner, comme nous l'avons fait jusqu'à ce jour, à subir les conséquences du tort d'être trop rapprochés de la France.

On nous adresse un autre reproche et c'est celui qui est le plus exploité contre nous pour paralyser les généreuses intentions du gouvernement de l'Empereur : on dit que la Corse est une charge pour le Trésor. Les dépenses, souvent improductives, faites dans le reste de l'Empire, ne donnent pas lieu à la même observation, qui semble être exclusivement réservée pour repousser les légitimes réclamations de notre malheureux pays.

Ces préventions injustes ne sont sans doute pas étrangères à la recommandation que nous fait l'honorable M. Conneau de borner nos désirs et nos prétentions. Si le devoir de ce personnage est de se préoccuper avant tout de faire accorder aux vœux de la Corse une satisfaction même partielle, le devoir du publiciste est de protester, de protester sans cesse contre des assertions inconsidérées et de gagner la cause de son pays devant l'opinion publique.

Nous affirmons que la Corse, malgré les mesures réparatrices dont nous sommes redevables à la bienveillance du gouvernement de l'Empereur, n'a pas encore obtenu une compensation suffisante de l'état d'abandon dans lequel ce département a été trop longtemps laissé. Nous prouverons, en nous appuyant sur des chiffres incontestables, qu'aucun pays n'a moins profité des largesses du budget et que nulle part cependant les avances de l'État n'ont été plus productives.

Cette île a été pendant 70 ans complétement oubliée. Les budgets ne lui allouaient que des sommes dérisoires; privée de routes, de ports et de voies de communications maritimes, elle ne connaissait que la misère et le dénuement. Sa jeunesse s'enrôlait sous les drapeaux, ou allait dans des contrées lointaines chercher des moyens d'existence.

On nous accusait d'être un peuple arriéré, mais on ne faisait rien pour nous civiliser. La Corse n'obtenait que des vœux stériles. Les hommes politiques constataient le mal sans en indiquer les causes; et, au lieu de rechercher le remède, ils préféraient considérer cette île comme une lourde charge pour l'État.

Quelques jours après la publication de cette partie de notre travail dans l'*Observateur*, la Corse était l'objet d'une provocation violente. Sous ce titre : *Études forestières*, un écrivain, appartenant à la rédaction de la *Revue des deux Mondes*, publiait contre notre pays un long pamphlet où les faits et la vérité étaient tristement dénaturés. Nos lecteurs n'ont pas oublié cette injuste conclusion, qu'il n'y a pas de département pour lequel l'État ait plus fait que pour la Corse, et que le Trésor ne doit pas s'imposer pour elle de nouveaux sacrifices. En présence d'une agression aussi malveillante qu'imméritée, nous avons pensé qu'il était utile de reproduire quelques-unes des données statistiques que nous avons dû recueillir pour répondre à la *Revue des deux Mondes*.

« Puisqu'on ne cesse de nous parler des sacrifices du Trésor, il est nécessaire de nous en rendre un compte exact et de faire connaître ce que

la France a accordé à la Corse depuis la conquête. Nous ne pouvons nous occuper ici que des
sommes consacrées à l'amélioration matérielle de
notre pays, c'est-à-dire à l'exécution des travaux
publics qui constituent le véritable budget à établir pour chaque département. Ce sont là les seules dépenses productives que l'État ne doit entreprendre que lorsqu'il s'agit de remplir un devoir ou de développer le commerce et l'industrie:
ce sont là aussi les seules dépenses dont les populations peuvent et doivent tirer profit.

» La Corse était un pays nouveau; huit siècles
de luttes pour l'indépendance et la liberté l'avaient
épuisée. Sous le rapport matériel, tout était à
créer. Nous ne possédions pas une seule route :
une partie de notre territoire était rendue inhabi-
table par le mauvais air; nos ports réclamaient
des travaux urgents. Quel était le devoir de la
France? elle devait aborder résolument l'œuvre
de la colonisation, ouvrir des routes, assainir nos
plaines, nous placer, sous ce rapport, au même
niveau que les autres départements, et remplir,
en un mot, toutes les obligations qui incombent
à un gouvernement juste et impartial.

» Ces travaux de routes, de ports et d'assainissement, rentrant dans l'ordre des améliorations
qui n'ont jamais été mises à la charge des populations, devaient être exécutés par l'État. Il s'agis-

sait, en outre, d'une étendue de près de 900,000
hectares, et sur cette vaste superficie on comptait
à peine 130 mille habitants, que le fer de l'ennemi avait épargnés. Les devoirs du pouvoir central étaient donc ici plus stricts, plus impérieux
que partout ailleurs. Voyons comment il les a
remplis.

» De 1769 à 1800, les dépenses pour les travaux
publics se sont bornées à quelques allocations
pour la route de Bastia à Ajaccio et à l'ouverture
de la route *militaire*, de Bastia à St-Florent (22
kilomètres); cette dernière route a été rendue
praticable aux voitures vers la fin du siècle dernier.

» Sous l'Empire, on a commencé sérieusement
l'ouverture de la route de Bastia à Ajaccio, de
Sagone à la forêt d'Aïtone; on a construit un
quai à Ajaccio, des débarcadères à Bastia, à l'Ile-
Rousse et à Macinaggio. Les longues guerres con-
tinentales et le blocus de nos ports par les flottes
anglaises ne permirent pas à l'Empereur de développer la prospérité de son pays natal dont le
nom, grâce à lui, devait passer immortel à tra-
vers les âges. On connaît les manifestations de sa
piété filiale, et les touchants regrets qu'il témoi-
gna à Ste-Hélène de n'avoir pu payer sa dette envers la Corse qu'il connaissait si bien et dont il
appréciait le brillant avenir.

» Vint la Restauration, et de 1815 à 1830, nous expiâmes le crime d'avoir donné à la France et au monde Napoléon I⁰ʳ. Les dépenses, pour travaux neufs, ne s'élevèrent pas à 700 mille francs dans une période de quinze années, c'est-à-dire moins de 50 mille francs par an, affectés à la construction du pont du Vecchio, à la conduite des eaux du Canneto, et à des travaux secondaires pour les routes d'Aïtone, d'Ajaccio et pour le vieux môle de Bastia.

» Le gouvernement de juillet répara en partie le fâcheux et coupable oubli de la restauration. Vivement stimulé par le patriotisme de nos députés, il entreprit l'œuvre de la régénération matérielle de la Corse, et si les sacrifices ne furent pas à la hauteur de nos besoins, si la compensation ne fut pas suffisante, nous devons cependant constater que l'on nous fit quelque bien. Les lois du 14 mai 1837, du 26 juillet 1839, du 24 mai 1842 allouèrent des crédits assez importants pour l'ouverture de nos routes, et le 15 juillet 1845 une somme de 3 millions, sur laquelle on n'a *encore dépensé* que 200,000 fr., était affectée à la construction d'un nouveau port à Bastia. Ces diverses mesures, destinées à exercer une incontestable influence sur la prospérité de la Corse, furent accueillies avec faveur par les chambres, qui les considérèrent comme un acte de justice. Dans l'exposé des motifs de la loi du 17 mai 1837, on lisait : « la Corse a été jusqu'à présent l'objet d'un étrange et funeste oubli, d'un véritable abandon. » Cette idée si juste et si vraie se trouva reproduite dans tous les exposés de motifs, et dans tous les rapports relatifs à la Corse, sous le règne de Louis-Philippe.

» Nous devons au gouvernement de l'Empereur le calme et la sécurité dont nous jouissons. Nous lui devons la transformation morale de la Corse. Ses efforts, couronnés d'un si prompt succès, ont prouvé que, dans notre pays, pour faire le bien, il suffisait de le vouloir, et que nulle part l'exécution des mesures sages et utiles n'était mieux facilitée par l'excellent esprit des populations.

» Au point de vue des travaux publics, le gouvernement impérial a suivi l'impulsion donnée pendant la période de 1837 à 1848. L'ouverture de nos routes forestières, les premiers essais d'assainissement de nos marais, l'achèvement des routes décretées en 1837 et en 1839, l'amélioration de quelques-uns de nos ports ont fortifié, par la reconnaissance, les liens d'affection et de dévouement qui unissent la Corse à la dynastie impériale. Et si nous devions dire toute notre pensée sur le bien accompli dans ces dernières années, il nous serait facile de prouver que le gouvernement impérial, si bienveillant et si affectueux pour la Corse, a peut-être un peu trop subi l'influence d'un sentiment de réserve dont nos détracteurs devraient lui savoir un meilleur gré. Nous pourrions en effet établir, en nous appuyant sur des faits incontestables, que les dépenses pour les travaux publics de la Corse n'ont pas atteint la moyenne des autres départements, et encore moins la moyenne que l'on trouverait si l'on tenait compte de la superficie.

» Posons maintenant les chiffres du budget des travaux publics exécutés en Corse depuis la conquête (1769) jusqu'à ce jour.

ROUTES IMPÉRIALES ET FORESTIÈRES.

1° Dépenses faites pour l'ouverture des routes de Bastia à St-Florent, de Sagone à la forêt d'Aïtone et de Bastia à Ajaccio avant 1837 . . . . fr. 3,000,000

2° Dépenses pour les routes 196 et 197 (loi du 14 mai 1837) . . . 3,400,000

3° Dépenses pour la route de Bastia à Bonifacio n° 198 et pour la route occidentale d'Ajaccio à St-Florent n° 199 (loi du 26 juillet 1839). 5,000,000

A reporter. fr. 11,400,000

Report. . . . fr. 11,400,000

4° Routes n°ˢ 193, 194, 195, 196 et 197 (loi du 24 mai 1842) . . . 3,000,000

5° Route 198, prolongement (décret du 3 mai 1854). 400,000

6° Route 200 (décret du 16 juin 1856) . . . . . , ... 600,000

7° Route 196 bis, 197 et 198 (décret du 28 août 1862) 2,940,000 fr. dépenses effectuées 2,040,000

8° Routes forestières (décret du 1er avril 1854) 5,000,000

9° Routes forestières, prolongement de la route n° 9, 990,000 fr. somme dépensée. 598,000

Total. . . . 23,038,000

PORTS MARITIMES ET PHARES.

(Dépenses antérieures à 1857.)

Port d'Ajaccio. . . 325,061
Port de Bastia. . . 298,540 } 674,430
Autres ports. . . . 50,829

A reporter. . . . fr. 674,430

Report. . . fr.	674,430
Perfectionnement des ports maritimes, phares et fanaux (loi du 14 mai 1837)	1,200,000
Ports d'Ajaccio et de l'Ile-Rousse (loi du 9 août 1839) somme allouée, 1,200,000, dépensée, ci.	850,000
Phares d'Ajaccio, de Bonifacio, de l'Ile-Rousse, d'Alistro, et route de ceinture du port d'Ajaccio. . .	310,000
Amélioration du port de refuge à Bastia et travaux du nouveau port.	1,400,000
Ports d'Ajaccio, de l'Ile-Rousse, de Propriano	175,000
Total. . fr.	4,609,430

DESSÉCHEMENT DES MARAIS

Sommes dépensées, au 1er janvier 1864, pour le desséchement des marais de St-Florent, de Calvi etc., pour le canal d'irrigation de la Casinca, les fontaines d'Ajaccio, de Calvi, de Sartène et de Bastia, ci . . . . . fr.	900,000
Total. . . fr.	900,000

RÉCAPITULATION GÉNÉRALE.

Routes impériales et routes fores-
tières 23,038,000
Ports maritimes et phares . . . 4,609,430
Desséchement des marais etc. . 900,000
Total. . . fr. 28,547,430

» Ainsi, de 1769 à ce jour, la France a dépensé
en Corse, pour les travaux publics de toutes sortes, la somme de 28,547,000 francs. Cette parcimonie, dont nous avons le droit de nous plaindre,
n'a pas empêché notre pays de faire des progrès
réels, malgré la fatalité qui semble le poursuivre
et paralyser l'exécution des mesures les plus utiles. Pour ne parler que de la création du nouveau
port de Bastia dans l'anse Saint-Nicolas, n'y a-t-
il pas quelque chose d'exceptionnel dans ce retard de vingt années apporté à l'exécution de la
loi de 1845, et n'est-il pas évident que, sans une
auguste sollicitude, nous attendrions encore l'a-
doption du projet définitif et la mise en adjudication des travaux dont l'utilité a été unanime-
ment reconnue, au point de vue des intérêts
généraux de la politique et du commerce de
l'Empire?

» Dans le long espace d'un siècle, la France a

3

affecté 28 millions à l'amélioration d'un pays nouveau, où tout était à créer. Est-il nécessaire que nous comparions les prétendus sacrifices de l'Etat, pour la Corse, aux sommes énormes consacrées aux travaux publics dans le reste de l'Empire? Ne suffirait-il pas de citer les chiffres pour prouver que le principe de justice distributive n'a pas été religieusement observé envers la Corse qui, depuis la conquête, n'a pas reçu, pour les travaux publics, la moitié de ce qu'a coûté la construction du port d'Alger?

» On ne peut donc reprocher à la Corse d'être une lourde charge pour le Trésor; mais avons-nous su profiter de ces dépenses?

» Au moment où le gouvernement de juillet s'est enfin décidé à s'occuper de la Corse, ce pays était pauvre, sans industrie, sans commerce. Vingt-cinq millions ont été dépensés en 35 ans! Voyons si ces dépenses ont été improductives.

» Et d'abord, quels ont été les résultats au point de vue du Trésor?

» Le produit des contributions directes s'est élevé de 482,000 fr. en 1832, à 994,824 fr. en 1862.

» L'enregistrement, le timbre et le domaine ont rendu 616,593 fr. en 1863, contre 237,900 fr. en 1832.—Les douanes ont donné, malgré les modifications introduites dans les tarifs, 402,057 fr. au lieu de 225,056 fr. en 1832.—Le produit des postes s'est élevé de 48,665 fr. à 181,000 fr. Les coupes de bois qui, en 1832, ne rapportaient que 2,349 fr., ont donné, en 1863, 262,104 fr. à l'Etat et 119,264 fr. aux communes.

» Le total des recettes, effectuées par le Trésor public, qui, en 1832, ne dépassait
pas. . . . . fr.   1,144,640
s'est élevé en 1863 à la somme de fr.   2,969,000

» Voilà pour le Trésor public! Mais ce n'est pas là la seule règle pour juger si les dépenses ont été productives.

» Examinons leur influence sur les développements de la richesse, de la prospérité publique, du bien-être des populations, et voyons si l'Etat a semé pour ne rien récolter, si les habitants n'ont pas su profiter des bienfaits du gouvernement.

» La population de la Corse qui n'était que de 195,407 âmes, en 1832, s'est élevée, d'après le recensement de 1861, à 252,889 âmes. L'augmentation, pendant cette période trentenaire, a été de 57,482 habitants, soit de 29 pour cent, tandis que la population de la France n'a augmenté que de 19 pour 0/0.

» L'inscription maritime s'est élevée de 3,925 à 5,627 marins; augmentation 43 p. 0/0.

» Le mouvement de la navigation pour le cabotage et avec l'Etranger qui, en 1827, alors que

la Corse n'avait pas de routes, et que les transports s'effectuaient par mer, était représenté, entrées et sorties réunies, par 1,655 navires jaugeant 36,161 tonneaux, s'est élevé en 1863 au
chiffre énorme de 7,638 navires jaugeant 488,000
tonneaux (augmentation plus de 1,300 pour cent).
Le mouvement de la navigation de la Corse représente la 35e partie du mouvement général de
la France. Et il n'est pas hors de propos de rappeler ici que l'Algérie, cette puissante colonie,
qui a déjà coûté quatre milliards et 500 mille
hommes, n'a eu en 1860, avec la métropole et
l'Etranger, entrées et sorties réunies, qu'un mouvement de 4,214 navires jaugeant 541,064 tonneaux.

» Le mouvement du port de Bastia s'est élevé de
606 navires jaugeant 13,499 tonneaux, en 1827,
à 2,287 navires jaugeant 212,895 tonnes, en 1863:
augmentation 1,500 pour 0/0.

» De son côté, le port d'Ajaccio, dont le mouvement ne dépassait pas 215 navires et 6,644 tonneaux en 1827, a compté, en 1863, 1080 navires
jaugeant 90,000 tonneaux.

» Le mouvement général du commerce, importations et exportations réunies, atteignait à peine
6,873,063 fr., en 1831. Il s'est élevé, en 1863,
à la somme de 38,683,431 fr.; augmentation 465
pour 0/0.'»

Tels ont été les résultats vraiment exceptionnels, que nous avons obtenus en dépit des obstacles et que nous avons opposés aux malveillantes
attaques de la *Revue des Deux Mondes.* Nous avons
pensé qu'il était utile de reproduire ici ces chiffres
pour que la vérité fût mieux connue.

Quel est le département de l'Empire qui ait
progressé d'une manière aussi rapide? Il serait
impossible d'en citer un seul, en fournissant les
chiffres à l'appui! Et est-il permis, en présence
de cette heureuse transformation, de prétendre
que les habitants n'ont pas su profiter des 28 millions consacrés par l'Etat aux travaux publics de
l'île?

28 millions en un siècle, voilà tout ce que la
France a fait pour un pays nouveau où tout était
à créer, pour une île dont la superficie est de
près de neuf cent mille hectares, dont les côtes
ont un développement de plus de 750 kilomètres,
qui compte plus de vingt ports et qui n'avait pas
une seule route!

Nous sommes loin, on le voit, des 4 milliards
et des cinq cent mille hommes dévorés en 34 ans
pour l'occupation et la colonisation de l'Algérie,
dont la possession nous est encore si souvent dis-
putée. Nous ne contestons pas l'avenir de cette
France nouvelle, conquise par la valeur de nos
soldats sur le sol africain; mais, toutes propor-

tions gardées, la Corse, cette terre éminemment française, qui fut le berceau d'une grande dynastie, la Corse, cette sœur aînée de l'Algérie par l'âge et le dévouement, n'a-t-elle pas, elle aussi, sa valeur et son importance?

La Corse a obtenu 28 millions en un siècle ! Les départements annexés, déjà favorablement traités par le Piémont, ont vu, en moins de trois ans, décréter et commencer des travaux pour une somme plus importante, non compris les trois lignes de chemins de fer dont a été dotée l'aride et pauvre Savoie. Nous applaudissons à cette sage mesure commandée par une politique prudente. Mais pourquoi la Corse ne serait-elle pas traitée avec la même faveur, alors surtout que son importance commerciale, industrielle et agricole est bien autrement considérable que celle de la Savoie? Le pacte d'alliance signé en 1769, cimenté par le don de joyeux avènement qui a sauvé la France de l'anarchie, ce pacte sanctionné par une communauté de gloires et de malheurs, par le sang le plus pur de notre vaillante jeunesse versé sur tous les champs de bataille, ce pacte a-t-il été religieusement rempli? et la Corse n'a-t-elle pas le droit de demander en échange de tant de sacrifices, qu'on lui facilite les moyens de se placer au même rang que les autres départements du continent?

Nul ne verra dans nos paroles un sentiment
d'amertume, car le patriotisme de nos populations n'a jamais été subordonné à des questions
d'intérêt matériel; mais il était nécessaire d'établir, une fois pour toutes, en s'appuyant sur des
chiffres irrécusables, que notre île n'a coûté à la
France que des sommes relativement peu considérables et qu'aucun département n'a moins profité des largesses du budget. En prouvant que l'on
n'a pas assez fait pour la Corse, nous croyons
avoir donné une force irrésistible aux vœux légitimes des populations.

Les progrès réalisés dans ces vingt dernières
années sont de nature à inspirer une légitime confiance. Ils sont dus exclusivement à l'ouverture de
nos routes et à l'amélioration de nos voies de communication maritime. Mais, nous ne saurions assez le répéter, il reste beaucoup à faire; ce département n'a encore dit que le premier mot de
sa prospérité future. Facilitez l'accès de notre île
aux voyageurs et aux produits de tous les pays;
atténuez les inconvénients de sa position insulaire, utilisez les avantages de sa situation géographique, accordez-lui enfin le précieux bienfait des
chemins de fer, et la Corse, sentinelle avancée de
la France dans la Méditerranée, sera un jour un
des plus beaux fleurons de sa couronne et contribuera à accroître la richesse et la force de la
nation.

L'examen auquel nous venons de nous livrer et que nous pourrions rendre plus décisif encore, si nous ne craignions d'entrer dans de trop longs détails, prouve que l'on n'a pas assez fait pour la Corse, que sa position n'a pas été améliorée dans des proportions équitables et que ce département a le droit de solliciter de la bienveillance et de la justice du gouvernement de l'Empereur, le complément des mesures et des travaux destinés à l'élever au niveau des autres départements du continent.

La France ne peut faire moins pour la Corse; les considérations financières, si respectables qu'elles soient, ne doivent pas la faire reculer devant l'accomplissement d'un devoir. La justice et l'équité ne permettent pas de maintenir notre pays dans une situation aussi défavorable, alors que toutes les contrées de l'Empire, vivifiées, fécondées par l'initiative du gouvernement, ont vu décupler leurs moyens de communication, et, comme conséquence immédiate, leur prospérité commerciale, industrielle et agricole.

CHAPITRE III.

Chemins de fer de la Sardaigne. — Commerce, navigation
et armements maritimes de la Corse et de la Sardaigne :
supériorité de la Corse. — Services postaux maritimes :
infériorité de la Corse. — Importance des deux îles au point
de vue commercial et politique.

L'intérêt national et la dignité du pays ne mi-
litent pas moins en faveur de la création des chemins de fer de la Corse. Il n'est pas un homme
de cœur qui ne soit frappé du contraste qu'offre
la situation précaire de notre pays rapprochée des
avantages que le gouvernement italien vient d'accorder à l'île de Sardaigne. C'est au parlement de
Turin que revient l'honneur d'avoir résolu, aux
applaudissements de l'Italie entière, la question
des chemins de fer dans les grandes îles de la
Méditerranée, et nous n'hésitons pas à considérer
cette mesure comme l'argument le plus décisif
pour obtenir la construction des rails-ways de la
Corse.

Il n'est pas sans intérêt de nous rendre compte
de l'importante opération financière sanctionnée

par la loi du 15 juillet 1862. Le gouvernement italien a concédé à une compagnie anglaise les chemins de fer de l'île de Sardaigne, comprenant cinq embranchements, savoir : de Cagliari à Iglesias, de Cagliari à Oristano, d'Oristano à Ozieri, d'Ozieri à Portotorres par Sassari et d'Ozieri à Terranova et au golfe *degli Aranci*. Le développement total du réseau est de 387 kil. et demi, et la dépense est évaluée à 77 millions, soit 200 mille francs environ par kilomètre.

La compagnie anglaise a exigé et le gouvernement italien a consenti la garantie d'un *produit net* annuel de 9,000 fr. par kilomètre, ce qui assure déjà au capital dépensé un revenu net de quatre et demi pour cent.

Ce n'est pas tout. En échange de la subvention kilométrique ordinaire, le gouvernement italien a cédé, *en toute propriété*, à la compagnie concessionnaire, 200,000 hectares de terrains féodaux (*ademprivili*), bois, pâturages etc.; ce qui porte à 516 hectares de terrains excellents la subvention par kilomètre accordée au réseau sarde. Que l'on réduise autant que l'on veut la valeur de ces terres, qu'on la fixe à 300 fr. l'hectare, évaluation insuffisante pour un pays qui ne tardera pas à se transformer par l'action bienfaisante des rails-ways, que l'on ne tienne aucun compte de la plus value que ces terres vont prochainement acquérir, et l'on aura toujours une subvention de 154,800 francs par kilomètre, ce qui réduit à 17 millions la dépense réelle de la compagnie. Si l'on réfléchit en outre que la garantie d'un produit net de 9,000 francs par kilomètre assure à l'exploitation un revenu annuel de 3,487,500 fr., on aura une idée des avantages extraordinaires que l'Italie, par la convention du 14 juillet 1862, a accordés à la compagnie anglaise.

On jugera, par l'étendue des sacrifices que le gouvernement italien s'est imposés pour faciliter l'établissement des rails-ways sardes, combien les hommes d'Etat de la péninsule apprécient l'importance future de l'île de Sardaigne. Et cependant la Corse n'aurait-elle pas dû devancer la Sardaigne dans la construction des voies ferrées? Notre île fait partie intégrante de la France, ce pays riche et prospère qui a un budget annuel de plus de deux milliards, dont les finances sont en bon état, et les ressources inépuisables. La Sardaigne, au contraire, autrefois province piémontaise, dépend aujourd'hui de l'Italie unitaire dont le budget est obéré, dont les ressources ordinaires peuvent à peine suffire aux dépenses d'entretien de son armée, et qui a toutes ses forces absorbées par le travail pénible de son organisation intérieure.

Les voies de communication par la vapeur, sur

terre et sur mer, ayant surtout pour but de faciliter le commerce et l'industrie et de leur donner
une énergique impulsion, on serait, après les faits
ci-dessus exposés, autorisé à croire que la Sardaigne est plus commerçante et plus industrieuse
que la Corse. Cette opinion est généralement ré-
pandue, mais elle ne repose sur aucun fonde-
ment. Nous allons, en effet, démontrer que la
Corse trois fois moins étendue, deux fois moins
peuplée que sa voisine, a cependant un commerce
plus considérable et qu'elle se trouve dans de
meilleures conditions pour marcher, d'un pas ferme et sûr, vers un avenir brillant et prospère.

Nous appelons l'attention la plus sérieuse sur
les chiffres suivants, dont nous garantissons la
parfaite exactitude. Ces chiffres prouvent, une fois
de plus, que les crédits alloués à la Corse ne restent pas improductifs.

Le mouvement total du commerce de la Corse
avec la France et l'Etranger, en 1861, s'est élevé
à la somme de 34,182,759 fr. répartie de la manière suivante :

Importations. 21,988,015
Exportations. 12,202,744

                    Total. . . 34,182,759 (*)

(*) Ces chiffres sont extraits d'un remarquable rapport adressé à
M. le Préfet de la Corse par M. Vernet, directeur des Douanes, et

En ce qui concerne l'île de Sardaigne, nous ne pouvons reproduire que les dernières statistiques publiées par le gouvernement italien. Elles se rapportent à l'année 1859. Le mouvement général du commerce a été de 32,221,958 fr. dont :

à l'importation	15,868,859
à l'exportation	16,363,099
Soit . . .	32,221,958 (*)
La Corse a importé et exporté :	34,182,759
Le mouvement général du commerce de la Sardaigne n'ayant atteint que	32,221,958
Il en résulte que le commerce de la Corse a dépassé de . . .	1,960,801 (**)

le commerce de la Sardaigne.

---

communiqué au Conseil général dans sa session de 1862. Les idées élevées et justes exposées dans ce rapport, l'appréciation saine et impartiale de l'état de la Corse au point de vue commercial et industriel, l'intérêt que **M.** Vernet porte à notre pays, nous font vivement désirer que **M.** le Préfet demande chaque année à **M.** le Directeur des Douanes un aperçu sur la situation de notre commerce et de notre marine. A notre avis, aucun document ne saurait être plus intéressant et plus utile à consulter.

(*) Annales du commerce extérieur n° 1422. Voir aussi les tableaux de la navigation de la France, années 1851 à 1863.

(**) Le commerce général de la Corse en 1863 s'est élevé à la somme de 39 millions environ. Nous n'avons pas tenu compte de cette statistique avantageuse, ayant jugé convenable, pour le mouvement du commerce, de nous rapprocher autant que possible de l'année 1859, qui nous a fourni les chiffres relatifs à la Sardaigne.

Ces chiffres sont éloquents : ils sont la meilleure preuve du développement de la fortune publique dans notre pays, puisque la Corse, avec une superficie de 874,741 hectares et une population de 252,889 habitants, produit et consomme plus que l'île de Sardaigne, qui a une superficie de 2,600,000 hectares et dont la population dépasse 570,000 âmes.

Le mouvement général du commerce, réparti sur toute la population de la Corse, donne 135 fr. par habitant, tandis que les importations et exportations de la Sardaigne atteignent à peine une moyenne de 56 fr. 35 centimes.

Ce n'est pas tout : la supériorité de la Corse sur la Sardaigne n'est pas moins marquée, si l'on compare l'importance de la navigation de ces deux îles pour le cabotage ou avec l'étranger.

Pendant l'année 1859 qui, nous le répétons, forme l'objet des dernières statistiques publiées par le gouvernement italien, la navigation de la Sardaigne, pour le cabotage et avec l'étranger, donne les résultats suivants :

Entrée 1,288 navires jaugeant 124,610 tonn.
Sortie 1,337 id. id. 149,829 id.

Total. 2,265 navires jaugeant 274,439 tonn.

Voici le tableau du mouvement général de la

navigation de la Corse (cabotage et étranger) pendant l'année 1863 :

Entrée 3,823 navires jaugeant 238,829 tonn.
Sortie 3,815   id.   id.   249,650   id.

Total. 7,638   id.   id.   488,479   id.

La navigation de la Corse, entrées et sorties réunies, étant représentée
par. . . . . 7,638 navir. jaug. 488,479 tx.
et celle de la Sardaigne par. . . 2,625   id.   id.   274,439 id.

la différence est de 5,013   id.   id.   214,040 id.

Le nombre des navires qui ont visité les ports de la Corse est presque triple de celui de la Sardaigne. Il n'en est pas de même pour l'ensemble du tonnage. Cette disproportion provient du mouvement de la navigation à vapeur, qui s'effectue ordinairement avec des navires d'un fort tonnage, et qui, comme on le verra plus loin, est deux fois plus considérable pour la Sardaigne que pour la Corse. Il n'est pas inutile de constater ici que le mouvement du seul port de Bastia, pendant l'année 1863, représenté par 2,287 navires et 212,895 tonneaux, dépasse les trois quarts du mouvement total de la navigation de la Sardaigne.

A un autre point de vue, la supériorité de la

Corse se manifeste plus évidemment encore. Dans le mouvement général de la navigation, la part de notre pavillon insulaire est de plus de 60 pour 0 0, tandis que la marine locale entre à peine pour un 10ᵉ dans le mouvement des ports de l'île de Sardaigne. — Pour s'en convaincre et pour en reconnaître les causes, il suffit de comparer les armements maritimes de ces deux îles.

La marine à voiles de l'île de Sardaigne se compose de 156 navires jaugeant 2,667 tonneaux, ainsi répartis :

Principalité de Cagliari 143 nav. jaug. 2,040 ton.
    id.   d'Alghero 13 id. id.   727 id.

        Total . . 156 id. id. 2,767 id.

L'effectif de la marine à voiles de la Corse au 31 décembre 1864 était de :

         372 navires jaug. 8,071 tonn.
Effectif de la Sard. 156 id.   id. 2,767 id.

Différence en faveur de la Corse, 216 id.   id. 5,304 id.

Faisons remarquer enfin que la marine locale de l'île de Sardaigne ne possède aucun navire à vapeur, tandis que le port de Bastia compte vingt bateaux qui ne sont pas compris dans le tableau ci-dessus. Marseille, le Hàvre, St-Nazaire et Rouen sont les seuls ports français qui aient des armements à vapeur plus considérables. Sur ces vingt bateaux, sept seulement sont affectés aux services postaux de l'île, les autres desservent les ports du littoral italien où ils ont acquis une grande réputation.

Nous ne poursuivrons pas plus loin cet examen comparatif; la logique et le bon sens font déjà connaître les conclusions qu'il faut tirer de ces chiffres. La Corse, moins étendue et moins peuplée que sa voisine, moins favorisée sous le rapport de la facilité des communications, a cependant un commerce plus considérable, un mouvement de navigation plus important, une marine à voiles triple de celle de la Sardaigne. La Corse est donc plus commerçante, plus riche que sa voisine.

Nous aurons à signaler l'influence que les railsways de la Sardaigne doivent nécessairement exercer sur le produit de l'exploitation du chemin de fer de la Corse; mais qu'il nous soit permis de regretter que la France ait laissé à sa jeune alliée l'initiative d'une mesure aussi sage qu'intelligente! Ce n'est pas là d'ailleurs le seul argument que nous puissions invoquer pour établir que la justice distributive n'a pas été pratiquée d'une manière aussi large et aussi complète par la France à l'égard de la Corse. Quelques jours après la concession des chemins de fer, une loi (25 juillet

1862) accordait à la Sardaigne un crédit de
24 millions pour l'ouverture de nouvelles routes,
crédit légèrement inférieur à la totalité des sommes allouées dans le même but à la Corse depuis
la conquête; et tout récemment encore n'avons-
nous pas vu le gouvernement italien, prenant en
considération la situation spéciale de la Sardaigne, adopter une combinaison exceptionnelle pour
donner une énergique impulsion aux travaux des
chemins vicinaux?

Cette inégalité entre les deux îles est d'autant
plus inexplicable que la Corse, plus commerçante,
plus riche et plus fertile que sa voisine, se trouve
cependant dans un état d'infériorité très-regretta-
ble, sous le rapport des voies de communications
maritimes. Si l'on demandait, en effet, à un homme impartial, quelle est de ces deux îles la plus
avancée au point de vue des services postaux maritimes, il n'hésiterait pas à penser, après avoir
consulté les statistiques du commerce, que la
Corse, appartenant à la grande nation qui se flatte
de disputer à l'Angleterre la domination des mers,
est de beaucoup la mieux partagée et qu'elle peut
défier toute comparaison avec la Sardaigne. C'est
le contraire qui a lieu, ainsi que le prouvent les
chiffres suivants.

La Corse a trois courriers par semaine partant
de Marseille pour Ajaccio, Calvi ou l'Ile-Rousse et

pour Bastia et Livourne. Un quatrième courrier part chaque semaine de Nice, alternant entre les deux ports de Bastia et d'Ajaccio. Le parcours annuel de ces quatre lignes est de 26,173 lieues marines.

Les communications postales de l'île de Sardaigne sont beaucoup plus fréquentes. Elles comprennent des lignes hebdomadaires se rendant de Gênes à Cagliari, de Gênes à Cagliari par Livourne, de Gênes à Porto Torres, de Gênes à Porto Torres touchant à Livourne et Bastia, et des lignes bi-mensuelles de Cagliari à Tunis, de Cagliari à Palerme, de Cagliari à Naples, de Cagliari faisant le littoral de la Sardaigne.

Ce service postal embrasse un parcours de 63,700 lieues marines et dépasse de 37,527 lieues, c'est-à-dire de 140 pour cent, le parcours des courriers de la Corse.

Cette disproportion paraîtra encore plus fâcheuse si l'on constate, que les services postaux de la Corse ne lui donnent de communications assez suivies qu'avec le port de Marseille, et de rapports hebdomadaires qu'avec ceux de Nice, Livourne et Porto Torres. Les services maritimes de la Sardaigne procurent à nos voisins des relations fréquentes avec Gênes et Livourne, les deux ports les plus commerçants de l'Italie, et avec Naples et Palerme, les deux villes les plus popu-

leuses de la péninsule, les métropoles commerciales de l'ancien royaume des Deux-Siciles. La
Sardaigne a encore des relations directes avec
Marseille, Ajaccio et Bastia, et sous ce double
rapport, elle possède déjà un avantage incontestable. — Remarquons, en outre, que, par les
services de Palerme et de Naples, cette île se
trouve en communication avec Malte et Alexandrie
ainsi qu'avec les lignes de l'Adriatique, et que,
grâce au service postal de Cagliari à Tunis, c'est
par les ports de la Sardaigne que se fait aujour-
d'hui presque tout le mouvement commercial de
l'Italie avec la régence de Tunis.

Cet état d'infériorité n'a pas d'excuse. Il n'a pu,
il est vrai, empêcher la Corse de devenir plus
prospère que la Sardaigne, mais il est difficile de
fixer les limites de l'élan qu'eût donné à notre
commerce et à notre industrie une organisation
postale aussi complète que celle de la Sardaigne.
Que l'on se rende compte de la situation géographique de la Corse et des avantages de sa position exceptionnelle, et l'on reconnaîtra que cette
île est traitée avec une parcimonie inexplicable.
Séparée de la Sardaigne par un détroit très-resserré, placée à quelques heures de l'Italie et de
l'Afrique, la Corse est appelée à entretenir avec
les pays voisins des rapports commerciaux de la
plus haute importance; véritable avant-garde de

la France dans la Méditerranée, notre île peut,
dans un avenir très-rapproché, procurer à la pa-
trie commune des avantages commerciaux, maritimes et politiques qui compenseront largement
les sommes d'ailleurs peu considérables affectées
à son amélioration matérielle.

Nous disons que cette inégalité n'a pas d'excuse : en effet, comment la justifier? La France
serait-elle moins riche que l'Italie? L'état de ses
finances l'obligerait-il à reculer devant des sacrifices qui n'effraient pas un peuple nouveau?
Ou bien, la Corse n'aurait-elle pas à la bienveillance de la France des titres égaux à ceux de la
Sardaigne vis-à-vis de l'Italie? Non! Cette différence provient de ce que l'Italie a mieux compris
ses intérêts et ses devoirs. Elle n'a pas seulement
obéi aux inspirations d'une sage politique; elle a
foi dans l'avenir de la Sardaigne. L'Italie n'hésite
pas à s'imposer des sacrifices momentanés, dont
la compensation ne se fera pas attendre; elle sait
que, sans des communications faciles et fréquentes, il n'est pas de pays, si favorisé qu'il soit de
la nature, qui puisse prospérer. Elle sait que,
pour récolter, il faut semer; que la justice distributive est le premier des devoirs, et que, plus
une province est pauvre, abandonnée, délaissée,
plus il est juste que les contrées les mieux favo-
risées concourent à l'œuvre de la réparation.

Ces mesures intelligentes n'ont pas été adoptées sans rencontrer quelques contradicteurs. Pour combattre le projet des chemins de fer, on a objecté la position insulaire de la Sardaigne, son état d'infériorité, l'insuffisance de ses ressources ; mais le bon sens des hommes politiques de l'Italie a fait bonne et prompte justice de ces difficultés. Le gouvernement et les Chambres reconnurent qu'il n'était pas permis de priver la Sardaigne du bienfait des chemins de fer, dont la France venait de doter la Savoie habitée, il est vrai, par un peuple courageux, mais la contrée la plus pauvre et la plus aride de l'ancien royaume de Piémont. On proclama que la concession des chemins de fer de la Sardaigne, destinée à assurer la transformation matérielle de ce pays, serait placée au nombre des délibérations les plus solennelles du parlement italien, et que cette île, assimilée depuis 1848 au régime administratif et politique des anciennes provinces, devait, en compensation de l'égalité des charges qui pesaient sur elle, être admise à jouir des bienfaits départis par l'État aux provinces du continent. On invoqua le principe de justice distributive, l'intérêt général qui souffre toujours de l'abandon dans lequel on laisse certaines parties du territoire; et dégageant ensuite la question de ces considérations d'équité politique, on rappela que le commerce de la Sardaigne, donnant une moyenne de 59 francs par tête, dépassait la moyenne du mouvement commercial du Piémont.

Ces arguments très-sérieux prennent plus de force encore si on les applique à notre pays. Ils sont de nature à dissiper toutes les préventions, à désarmer la critique et à faire reconnaître qu'il est temps de relever la Corse de son état d'infériorité. Les deux îles voisines sont appelées à jouer un grand rôle dans les futurs événements militaires et commerciaux. L'Italie le comprend et elle fait des efforts inouïs pour se mettre promptement en mesure d'utiliser la possession de la Sardaigne. Il n'est pas hors de propos de rappeler ici en quels termes un Sénateur du parlement de Turin, M. Siotto-Pintor, gallophobe invétéré, parlait de cette île, lors de la discussion de la loi sur les chemins de fer sardes.

« Après le discours de l'honorable préopinant
» (M. Serra), je serai bref. Si l'île de Sardaigne
» est un fleuron, faites qu'il resplendisse au mi-
» lieu des autres fleurons de la couronne d'Italie;
» si elle est la sentinelle de la péninsule italienne
» et la clef de la Méditerranée, gardez-la bien pré-
» cieusement! Et la Sardaigne est tout cela; elle
» est une pierre précieuse par ses richesses géo-
» logiques, par la fertilité de son sol; elle est la
» sentinelle avancée de l'Italie par l'étendue et la

» sûreté de ses ports, et ici je désigne surtout le
» vaste port de Terra-Nova et le golfe *degli Aranci*,
» le plus beau de tous les golfes où la flotte ita-
» lienne, gardienne vigilante, se trouvera en lieu
» sûr. Elle est enfin la clef de la Méditerranée,
» puisque, placée au milieu de cette mer, il est
» évident qu'elle en donnerait la domination à la
» nation qui la posséderait. »

Ces réflexions, qu'un patriotisme enthousiaste
a inspirées à M. Siotto-Pintor, seraient bien plus
justes et plus fondées si l'on parlait de la Corse.
De tout temps, la possession de notre île a été le
rêve bien autrement ardent de ceux qui aspiraient
à dominer dans la Méditerranée. Cette possession
a été l'objet de sanglantes disputes, de guerres
continuelles dont la Sardaigne a été préservée.
La Corse surveillait Gênes et Pise, ces grandes
métropoles commerciales du moyen-âge; elle sur-
veille aujourd'hui Marseille, Toulon, Gênes, la
Spezia, Livourne; ses golfes sont les plus beaux
et les plus vastes de la Méditerranée; Saint-Flo-
rent, Ajaccio, Porto-Vecchio, l'étang de Diana peuvent abriter toutes les flottes du monde. Ses richesses géologiques sont bien connues; ses forêts
sont sans rivales dans le midi de l'Europe; son
sol est d'une fécondité exceptionnelle; les terrains
des plateaux et des vallées de la Sardaigne ne
peuvent soutenir la comparaison avec nos plai-

nes aussi fertiles que celles de Valence et de la
Mitidja.

Nos lecteurs nous pardonneront cette trop longue étude des richesses relatives de la Corse et
de la Sardaigne. Nous avons pensé que ces détails fastidieux avaient cependant leur importance.
Que manque-t-il en effet à notre pays? D'être mieux
connu! Étudions-le d'abord nous-mêmes, c'est le
meilleur moyen d'appeler l'attention des autres et
de dissiper les préventions injustes. Il est temps
que la Corse affirme son importance : qu'elle le
fasse résolument, sans exagération comme sans
faiblesse, avec la conviction que justice lui sera
enfin rendue, et que la réparation sera d'autant
plus éclatante qu'elle s'est fait attendre plus longtemps.

Au reste, nous considérons les chemins de fer
de la Sardaigne comme l'argument politique le
plus sérieux pour hâter la concession des rails-
ways de la Corse. Nous avons des droits sacrés,
incontestables; nous ne les invoquons point : nous
ne rappellerons même pas la dette de reconnaissance que la France a contractée envers ce
pays, qui fut le berceau d'une immortelle dynastie. Non, nous ne voulons pas que la création des
chemins de fer de la Corse soit une affaire de
sentiment; c'est au nom des intérêts généraux du
commerce et de la politique, c'est dans le but de

régénérer un pays rempli d'avenir et d'accroître
la richesse et la force de la nation, que nous in-
sistons pour qu'on ne se borne point à nous accorder une satisfaction partielle. Nous demandons
un réseau suffisant pour desservir les grands intérêts de ce pays, et nous l'obtiendrons de la justice de l'Empereur.

En attendant, constatons que la création des
chemins de fer de la Sardaigne est un gage de
prospérité pour les futurs rails-ways de la Corse,
qui n'est séparée de sa voisine que par un détroit
très-resserré, et qui est destinée à devenir un
point de transit pour tout le commerce de la
Haute-Italie avec la Sardaigne, pour le commerce
de cette île avec le Piémont et la France. Constatons enfin que les voyageurs, venant de Sardaigne ou s'y rendant, trouveront avantage à profiter de la plus grande partie du parcours des lignes
projetées dans notre pays.

CHAPITRE IV.

Ligne de Bastia à Bonifacio. — Facilité d'exécution. — Dépense approximative. — Subvention de l'État. — Dépense à la charge de la compagnie.—Intérêts du capital et frais d'exploitation. — Recettes nécessaires pour couvrir la dépense annuelle.—Ressources locales. — Produit du transport des voyageurs.—Recettes provenant du transport des marchandises.

Après avoir exposé les droits incontestables de la Corse à la concession d'une voie ferrée, il est de notre devoir d'aborder la question au point de vue pratique, de rechercher les moyens d'exécution, d'apprécier les charges financières de l'entreprise et en même temps de faire connaître les ressources probables de l'exploitation.—Nous apporterons dans cette partie de la discussion une loyauté et une sincérité qui, dans toutes les questions d'intérêt général ou d'intérêt privé, nous paraissent le meilleur gage du succès.

Nous avons dit que la concession des chemins de fer de la Corse ne doit pas être considérée comme une affaire de sentiment, mais plutôt

comme un acte de justice, d'utilité, dont l'accomplissement ne sera pas moins profitable à la fortune et à la prospérité de l'Empire, qu'aux intérêts
généraux de la Corse. Confiant dans notre droit,
nous n'avons besoin de recourir à aucun subter-
fuge et nous ne voulons surprendre ni la religion
du gouvernement, ni la bonne foi d'une compagnie.
Nous évaluerons les dépenses et les recettes probables avec toute l'exactitude que comportent les
prévisions les plus consciencieuses, et que l'on est
en droit d'exiger de ceux qui, dégagés de toute
arrière-pensée d'intérêt personnel, n'ont en vue
que la prospérité et l'avenir de leur pays.

Nous recherchons la vérité et loin d'en redouter l'influence, nous affirmons que la Corse sor-
tira victorieuse de cette redoutable épreuve. Nous
établirons bientôt que cette assertion n'est pas
hasardée; mais d'abord, demandons-nous, quel
devrait être le développement des chemins de fer
de la Corse? En jetant les yeux sur une carte, on
est frappé des facilités que notre côte orientale
offre à la construction d'une voie ferrée. Sur ce
point, il n'y a pas de divergence, et tous ceux
qui se sont occupés de l'établissement des rails-
ways dans notre pays, ont été unanimes pour reconnaître que tout projet, qui n'aurait pas pour
but de desservir, dans toute sa longueur, la plaine
admirable qui fait face à l'Italie, ne répondrait ni

aux besoins de ce département ni aux intérêts bien entendus de la compagnie concessionnaire. Sur ce point, nous le répétons, tout le monde est d'accord.

Il n'en est pas de même en ce qui concerne les communications à établir entre la partie orientale et la partie occidentale de l'île. Cette question donne lieu à des divergences assez profondes; elle provoque des réticences ou pour mieux dire des réserves, que nous nous efforcerons de combattre, parce qu'elles ne nous paraissent ni justes ni fondées. En effet, quel est le but que nous poursuivons et qui nous fait attacher un si grand prix à la construction des voies ferrées? C'est l'amélioration matérielle de la Corse, son heureuse et prompte transformation, que l'assimilation complète de notre pays au reste de l'Empire peut seule accomplir. Mais comment obtenir ce résultat si nous tenons à l'écart plus de la moitié de notre population, près des deux tiers de notre territoire?

On nous oppose le chiffre élevé de la dépense, la difficulté de réunir le capital nécessaire et d'obtenir du gouvernement, outre une subvention équitable, une garantie d'intérêt qui serait rendue effective par l'impossibilité de couvrir, dès à présent, les frais d'exploitation d'un long tracé et les intérêts du capital engagé. Et bien! abordons

résolument la question de chiffres, et occupons-
nous d'abord de la dépense.

La distance de Bastia à Bonifacio est de 165
kilomètres environ. Sauf les berges du Golo et du
Fiumalto, berges qu'il serait d'ailleurs facile d'éviter, soit en s'écartant un peu de la route impériale et en se rapprochant de la mer, soit au
moyen de courbes d'un développement assez considérable pour ne présenter aucun inconvénient,
le chemin de fer traverserait une plaine presque
complétement unie. Quelques tranchées de peu
d'importance et quelques pentes ou rampes, avec
une inclinaison maximum de 5 millièmes, per-
mettraient d'arriver jusqu'à Solenzara, à 103 kilomètres de Bastia. En parcourant tous les chemins de fer de l'Europe, il serait difficile de
trouver une section de cette étendue qui offrît
aussi peu de difficultés à surmonter.

Ces conditions d'exécution exceptionnelle ne
se maintiennent pas dans le reste du parcours,
de Solenzara à Bonifacio : on n'y rencontre cependant aucun obstacle sérieux. En effet, de Solenzara à Portovecchio, on est obligé de suivre les
sinuosités de diverses vallées, peu profondes
d'ailleurs, formées par la chaîne transversale dont
les dernières ramifications s'étendent dans la direction de Portovecchio. Mais l'examen de la route
impériale suffit pour prouver à tout homme com-

pétent que, même sur cette partie du tracé, on n'aura à pratiquer ni des tunnels, ni des tranchées de quelque importance, et que les ouvrages d'art seront peu coûteux. Enfin, de Portovecchio à Bonifacio, on pourra encore suivre la route impériale dans des conditions très-favorables, ou bien au cas où l'on devrait faire un embranchement sur Ajaccio, en passant par Sartène, il sera facile, en pénétrant dans la vallée du Stabiaccio, d'atteindre, par une rampe de 15 à 16 millimètres, le col d'Arboritello, et de prolonger ensuite le chemin de fer jusqu'à Bonifacio.

Cette première partie du réseau Corse peut être construite à peu de frais. Les ouvrages d'art consisteront seulement dans la construction des ponts pour traverser les torrents qui débouchent sur la côte orientale. Parmi ces torrents on ne peut guère citer que le Golo, le Fiumalto, le Tavignano et le Fiumorbo, comme exigeant des travaux assez importants. Nous ne contestons pas que ces torrents ne soient exposés à des crues subites et parfois dangereuses; mais, avec des ouvrages d'art fondés à une certaine profondeur, on se garantira de l'action des eaux. Au reste, la construction des ponts établis sur la côte orientale (l'ancien pont du Golo excepté) n'a coûté qu'un million de francs environ et, grâce à l'expérience acquise, la dépense pour le rail-way sera évidemment moins considérable, surtout si l'on emploie de la tôle ou du fer.

La construction des chemins de fer français a coûté en moyenne 405,781 fr. par kilomètre; la dépense kilométrique y a été plus élevée que dans aucun autre pays, si ce n'est l'Angleterre où le kilomètre revient à 516,156 fr. Cette exagération dans les prix de construction tient à diverses causes, qui sont trop connues pour qu'il soit nécessaire de les signaler ici; nous ferons, d'ailleurs, remarquer que la moyenne du coût kilométrique des chemins de fer de tous les pays, y compris la France et l'Angleterre, ne dépasse pas 231,824 francs.

Ce dernier chiffre, rapproché du prix élevé des constructions en France et en Angleterre, prouve que, dans d'autres contrées, les dépenses ont été bien moins considérables. En effet, les chemins de fer de Cuba ont coûté 94,000 fr. le kilomètre, ceux du Danemark 124,000 fr., du Brunswick 152,000 fr., du Hanovre 201,000 fr., de l'Italie 210,000 fr., de l'Espagne 212,000 fr., de la Prusse 214,000 fr., de la Bavière 220,000 fr., de l'Autriche 224,000 fr., et enfin le vaste réseau des Etats-Unis qui, à lui seul, est le double des réseaux réunis de la France et de l'Angleterre, n'a coûté que 113,000 fr. le kilomètre.

Ces moyennes elles-mêmes, s'appliquant à des

réseaux très-étendus, ne donnent qu'une idée incomplète du prix de revient très-modéré de certaines lignes, puisqu'elles comprennent encore les tracés effectués sur des points, où l'on a dû surmonter de grandes difficultés. Personne n'ignore en effet que, dans les États du Sud de l'Union américaine, la construction des chemins de fer n'a pas coûté plus de 60,000 francs le kilomètre, tandis que la moyenne de tout le réseau est de 113 mille francs environ.

Le chemin de fer de Bastia à Bonifacio devrait être construit à une seule voie, sauf les voies d'évitement ou de gare. Or il est impossible de ne pas reconnaître, après une étude approfondie des lieux, que la construction de cette partie du réseau corse s'effectuera à peu de frais. Elle n'exigera ni travaux d'art importants, ni tranchées profondes, ni tunnels dispendieux.

Les indemnités de terrains, si onéreuses pour l'établissement des chemins de fer du continent, seront à peu près nulles en Corse. Le prix moyen des propriétés, que le rail-way doit traverser, n'atteint pas 300 fr. l'hectare. Le chemin de fer ne devant pas occuper plus de trois hectares par kilomètre, il est évident que les indemnités seront insignifiantes, surtout si le jury tient compte de la plus value, qui sera la conséquence immédiate de l'exécution de ce grand travail. Nous

pouvons, dès à présent, affirmer que, sauf dans
le voisinage de la ville de Bastia, où les propriétés très-morcelées ont une valeur assez considérable, la plus value fera partout ailleurs écarter
les demandes d'indemnité. Et, dans tous les cas,
il est certain que, depuis Cervione jusqu'à Bonifacio, il n'y aura pas lieu d'allouer des indemnités, parce que cette vaste étendue comprend des
domaines importants dont la valeur sera plus que
décuplée par la création des chemins de fer.
Ajoutons, enfin, que les communes n'hésiteront
pas à faire, à l'avance, l'abandon gratuit des terrains communaux, dont la cession sera nécessaire
à la confection du tracé, et que beaucoup de pro-
priétaires seront intéressés à suivre cet exemple
pour faciliter l'établissement du rail-way.

Ce n'est pas tout : la compagnie concessionnaire
pourra se procurer les matières premières sur
place et à des prix avantageux. Les puissantes
usines de Toga et de Solenzara lui fourniraient
les rails et les coussinets ; les bois des traverses
proviendraient des forêts de chênes verts de la
Corse. Il en existe plusieurs sur le versant oriental, à quelques kilomètres de la ligne projetée ; et
la compagnie pourra s'approvisionner largement,
en se rendant adjudicataire, à des conditions exceptionnelles, des coupes des forêts domaniales
ou communales. Ajoutons, enfin, que les travaux

de terrassement seront faits par les nombreux ouvriers italiens qui viennent chaque année dans notre pays, et dont le salaire, variant de 1 fr. 75 cent. à 2 fr., est de beaucoup inférieur au prix de la journée des terrassiers sur le continent.

Les conditions économiques que nous venons d'exposer, sont notoires et incontestables. Elles ne peuvent donner lieu à aucune controverse, et il nous est, dès à présent, permis d'en tenir compte pour évaluer la dépense qu'entraînera la construction du chemin de fer projeté. Nous soumettons ci-après le devis approximatif du prix de revient par kilomètre.

INDICATION des DÉPENSES.	1re Section de Bastia à Solenzara, 105 kil.	2e Section de Solenzara à Bonifacio, 62 kil.
Indemnité de terrains	4,000 fr.	2,000 fr.
Terrassements	20,000	50,000
Ouvrages d'art.	12.000	18,000
Ballast et voie de fer.	50,000	50,000
Gares et stations	7,000	5,000
Matériel.	12,000	12,000
Clôtures	2,000	2,000
Somme à valoir	7,000	10,000
Total.	94.000	109,000

Ainsi la dépense approximative s'élèverait, pour la 1re section, de Bastia à Solenzara (103 kilomètres) à 94,000 fr., ci . . . . 9,682,000 fr.

Et pour la 2e section, de Solenzara à Bonifacio (62 kilomètres) à 109,000 fr., ci. 6,758,000

Soit en tout. . . . . 16,440,000 fr.

En faisant ces évaluations, nous avons peut-être trop largement cédé au désir d'être sincère et de ne pas nous montrer trop optimiste. Mais, comme nous ne plaidons pas la cause d'une compagnie et que, dans cette affaire, nous n'avons qu'un guide et un mobile, l'intérêt de la Corse, nous n'hésitons pas à affirmer que la dépense réelle sera de beaucoup inférieure à nos évaluations, et que 12 à 13 millions suffiront pour l'exécution du tracé de Bastia à Bonifacio.

Admettons cependant que la dépense doive s'élever à 16 millions 1/2, estimation que nous croyons exagérée. Comment y sera-t-il pourvu? — quelle sera la part de l'État dans les frais d'établissement?

Après les explications que nous avons fournies dans la première partie de ce travail, nous ne pensons pas qu'il soit utile d'insister pour démontrer la nécessité d'une subvention de l'État.

Le principe de justice distributive, qui a facilité l'exécution des chemins de fer du continent, doit évidemment être appliqué à la Corse. A notre avis, cette question ne peut donner lieu à aucune divergence.

Nous avons constaté que la subvention de l'État, en argent ou en travaux, s'est élevée, en moyenne, à près de 100 mille francs le kilomètre (97,000 fr.) pour l'ancien réseau, et à 58,000 fr. le kilomètre pour le nouveau réseau. Cette subvention a été bien plus considérable pour certaines lignes du nouveau réseau; de 71,000 fr. pour le chemin de fer des Charentes, elle s'est élevée à 146,000 fr. le kilomètre pour celui de Napoléon-Vendée à Bressuire. En ce qui concerne le tracé de Bastia à Bonifacio, nos vœux sont plus modestes; nous demandons seulement que l'État nous accorde par kilomètre une subvention de 60,000 fr., à peu près égale à la subvention moyenne, allouée pour l'ensemble du nouveau réseau.

Quel que soit l'esprit de dénigrement et de partialité de ceux qui n'ont pour la Corse aucun sentiment de bienveillance, nous ne pensons pas que l'on puisse songer sérieusement à contester nos droits à être traités par l'État avec la même faveur que les autres départements du continent. Il est vrai que la subvention du gouvernement représente ordinairement le tiers ou le quart de la dépense totale, mais cette règle n'est pas absolue. Elle a reçu de nombreuses exceptions, notamment celles de la ligne de Napoléon-Vendée à Bressuire, de plusieurs parties du réseau pyrénéen, des chemins de fer algériens, etc. etc.

En demandant pour la Corse une subvention, inférieure de plus de moitié à celles accordées pour les diverses lignes précitées, nous avons la ferme conviction qu'aucune difficulté ne sera soulevée, et qu'il sera fait droit à nos justes prétentions.

A moins d'un mauvais vouloir obstiné, mauvais vouloir qui serait d'ailleurs paralysé par le bienveillant intérêt que nous témoigne le gouvernement de l'Empereur, il nous semble improbable et même impossible que des objections sérieuses puissent se produire pour combattre nos vœux légitimes. Il nous est donc permis de faire, dès à présent, entrer en ligne de compte la part contributive de l'État aux travaux du chemin de fer de Bastia à Bonifacio, sur la base modérée et normale de 60,000 fr. par kilom., et de porter cette subvention en décharge des dépenses de la compagnie concessionnaire.

Notre évaluation, que nous persistons à croire exagérée en plus, admet pour la construction de toute

<table>
<tr><td>la ligne une dépense maximum de.</td><td>16,440,000 fr.</td></tr>
<tr><td>A déduire : subvention de l'État
à raison de 60,000 fr. le kilom.,
soit, pour 165 kilomètres . . .</td><td>9,900,000</td></tr>
<tr><td>Reste à la charge de la comp^e.</td><td>6,540,000 fr.</td></tr>
</table>

Cette première donnée est déjà suffisante pour nous permettre d'apprécier la valeur financière de cette opération, et de nous rendre compte des charges, qui pèseront sur la compagnie concessionnaire, et auxquelles il faudra pourvoir par les revenus de l'exploitation, ou à défaut par la garantie d'intérêt accordée par l'État.

Le capital net, dépensé par la compagnie pour la construction de la ligne de Bastia à Bonifacio, ne s'élevant qu'à 6,540,000 fr., l'intérêt annuel de ce capital représenterait une somme de 327,000 f., au taux de 5 pour cent, et de 359,700 fr., en y comprenant l'amortissement calculé au même taux et pour le terme de cinquante années.

A l'intérêt du capital dépensé, il faut ajouter les frais d'exploitation. Il est inutile de s'occuper ici de la moyenne annuelle des frais d'exploitation, parce que ces frais, essentiellement variables, sont subordonnés au nombre et à la marche des trains. Notons cependant que ces frais dépassent 17,000 fr. en France, 18,000 fr. en Angleterre, pour tomber à 6,000 fr. le kilomètre aux États-Unis et à 4,200 fr. dans l'île de Cuba. En France même, la moyenne annuelle des frais d'exploitation du nouveau réseau de la compagnie du Midi, malgré les charges qui pèsent toujours sur le début d'un service, n'a pas dépassé 5,582 fr. par kilomètre, chiffre qui cependant est lui-même exhorbitant, si on le rapproche des frais probables de l'exploitation des chemins de fer de la Corse, où les dépenses d'entretien, de personnel et le nombre des trains seront moins considérables.

Les dépenses totales d'exploitation des chemins de fer français, pendant l'année 1857, réparties sur le nombre de kilomètres parcourus par les locomotives, ne dépassent pas 1 fr. 29 c. par kilomètre. Malgré l'économie qu'il sera facile de réaliser dans les frais d'entretien et de surveillance, nous consentons néanmoins à tenir compte du petit nombre de trains, qui devront supporter les frais généraux, autres que ceux de traction, et nous admettons les chiffres posés par M. Conti dans son étude sur le réseau Sardo-Corse. Cet honorable compatriote calculait les frais d'exploitation à raison de 2 fr. 50 c. par kilomètre de parcours effectif. Or, pendant les premières années, deux trains à l'aller et deux trains au retour suffiraient pour satisfaire à tous les besoins. La distance de Bastia à Bonifacio étant de 165 kilomètres, le parcours journalier de ces quatre convois serait de 660 kilomètres, et la dépense, calculée comme ci-dessus, à raison de 2 fr. 50 le kilomètre, s'élèverait à la somme de 1,650 fr. par jour, soit pour toute l'année 602,250 fr., ce qui porterait à 3,650 fr. la dépense nette par kilomètre et par an.

En faisant la récapitulation de toutes les dépenses, nous trouvons que la somme annuelle, que les recettes devraient couvrir, serait de 961,950 fr. ainsi répartie :

1° Intérêt à 5 p. 0/0 du capital (6,540,000) avec amortissement calculé au même taux, ci . . . . 359,700 fr.

2° Frais d'exploitation à raison de 1,650 fr. par jour, soit pour toute l'année . . . . 602,250 fr.

TOTAL. . . . 961,950 fr.

Quel est le mouvement de voyageurs et de marchandises qui serait nécessaire pour couvrir cette dépense annuelle? D'après les constatations, faites en 1861 par la commission d'enquête des chemins de fer, la recette attribuable aux transports des marchandises est de 56,5 pour cent de la recette totale, et le produit des voyageurs de

43, 5 pour cent. En acceptant cette moyenne, la ligne de Bastia à Bonifacio devrait, pour couvrir la dépense annuelle et pour servir l'intérêt du capital, effectuer une recette de 418,448 fr. 25 c., provenant du transport des voyageurs, soit 1 fr. 65 par habitant, et celle de 542,511 fr. 75 c. pour le transport des marchandises et des denrées, soit 0,62 c. par hectare.

Si nous analysons ces chiffres, nous arrivons aux résultats suivants : le produit moyen des recettes brutes, par voyageur à 1 kilomètre, est en France de 5 cent. 75; celui du transport d'une tonne de marchandise à 1 kilomètre est de 6 cent. 97. La distance de Bastia à Bonifacio étant de 165 kilomètres, le transport de chaque voyageur reviendrait à 9 fr. 48, et celui d'une tonne de marchandises à 11 fr. 50 pour tout le parcours. Il faudrait donc, pour couvrir les dépenses annuelles, que le chemin de fer de Bastia à Bonifacio transportât, par année, 44,149 voyageurs et 47,262 tonnes de marchandises à 165 kilomètres. Et comme, d'après les prévisions actuelles, deux trains à l'aller et deux trains au retour, soit quatre convois par jour, suffiraient pour desservir la ligne, on trouverait, en prenant pour base les chiffres ci-dessus, 123 voyageurs et 129 tonnes de marchandises par jour, ou bien 31 voyageurs et 32 tonnes de marchandises par chaque convoi.

Ces chiffres exacts étant posés, qui oserait contester que la Corse peut et doit fournir un trafic de voyageurs et de marchandises bien autrement considérable? Occupons-nous d'abord des voyageurs.

Le nombre des voyageurs entre la Corse, le continent français, l'Italie et vice-versa, est en moyenne de 37 mille par an. Sur ce nombre, 28 mille forment le contingent du port de Bastia. Ce chiffre se décompose de la manière suivante : 8 mille voyageurs représentent le mouvement réciproque avec le continent français, et 20 mille le mouvement avec l'Italie. Plus des trois quarts des ouvriers italiens vont travailler sur la côte orientale ou dans l'arrondissement de Sartène, et seront, par conséquent, obligés de profiter du rail-way de Bastia à Bonifacio. Plus de la moitié des voyageurs venant du continent devra aussi parcourir, en totalité ou en partie, le chemin de fer du littoral, puisque les voyageurs, à destination de la partie occidentale de l'île, donnent la préférence à Ajaccio ou à l'Ile-Rousse, comme ports de débarquement ou d'embarquement. On peut donc, à ce premier point de vue, évaluer à 18 mille environ le nombre des voyageurs dont le parcours est assuré au chemin de fer de Bastia à Bonifacio.

Mais, sans entrer dans des détails de statistique trop fastidieux, nous préférons donner une idée aussi exacte que possible de la circulation de voyageurs qui existe actuellement sur la route de Bastia à Bonifacio. C'est là le seul moyen d'apprécier les ressources probables et immédiates sur lesquelles il est permis de compter. Dans le savant et consciencieux rapport qu'il a présenté à la société d'agriculture de Bastia, M. Limperani, ancien député de la Corse, a fourni des renseignements qui méritent la plus grande confiance. Nous ne pouvons mieux faire que d'invoquer l'autorité de ses lumières et de son expérience, et d'emprunter à son remarquable travail un ensemble de données statistiques, qu'il suffit de mettre en relief pour en saisir toute l'importance.

M. Limperani évalue, d'après des informations précises, à 1,000 ou 1,200 par jour le nombre des voyageurs qui entrent à Bastia ou qui en sortent par la barrière de St-Joseph, où devra être établie la gare du chemin de fer. Sur le pont du Golo, à 21 kilomètres de Bastia, la circulation journalière des voyageurs, d'après des renseignements dignes de foi, est de 1,000 environ. Et si l'on remarque que le pont du Golo se trouve en dehors du parcours de la route de Bastia à Ajaccio, on acquiert la certitude que la plus grande partie de ce mouvement est définitive-

ment acquise à l'exploitation de la voie ferrée.
Que si, d'autre part, on tient compte de l'étendue
de la ligne de Bastia à Bonifacio, de la circulation
qui existe entre les divers points intermédiaires,
on fera certainement une estimation très-modérée,
en portant à 3 mille le nombre des personnes
qui parcourent, chaque jour et pour des distances
plus ou moins longues, la côte orientale de Bastia
à Bonifacio.

C'est surtout dans la section du Migliacciaro
à Bastia que la circulation est très-active. Plusieurs diligences, un grand nombre de chars à
bancs et de charrettes y produisent un mouvement
que l'on ne constate d'habitude qu'aux abords des
grandes villes. Pendant le mois de juillet dernier,
il est entré en moyenne à Bastia, par la seule barrière de St-Joseph, 150 charrettes, 120 chariots
et 200 bêtes de somme par jour. Il y a quinze ans
à peine que le chemin muletier a fait place à une
route carrossable. Dans ce court espace de temps,
la circulation a plus que sextuplé. Le progrès a
été constant et rapide, et il est hors de doute
que la création d'un chemin de fer ne tarderait
pas à développer, dans des proportions considérables, ce mouvement de voyageurs et de
marchandises.

Le nombre de 1,000 à 1,200 voyageurs, constaté simultanément à la barrière St-Joseph et au

passage du pont du Golo, à **21** kilomètres de Bastia, permet donc de porter à **3** mille au moins le nombre des personnes qui, chaque jour parcourent la route orientale. Nous ne posons cependant pas ce chiffre, bien que nous le croyons exact, et nous fixons à **1,200** seulement le nombre des voyageurs, aller et retour, qui profiteront, chaque jour, du chemin de fer pour des distances plus ou moins longues.

Cette base, admise par M. Limperani dans son étude sur le chemin de fer de Bastia à Prunete dont le développement n'était que de **50** kilomètres, peut être acceptée en toute confiance pour le rail-way de Bastia à Bonifacio, qui comprend le projet précité et qui porte le parcours total à **165** kilomètres. Il nous reste donc à évaluer la recette que la circulation de ces **1,200** voyageurs assurera à l'exploitation.

Le parcours moyen de chaque voyageur, sur une ligne dont le développement ne dépasse pas **165** kilomètres, peut être fixé à **30** kilomètres. C'est le parcours moyen constaté sur les lignes les plus pauvres du nouveau réseau de la compagnie du Midi, lignes dont l'étendue est en général peu considérable. Les **1,200** voyageurs, transportés à **30** kilomètres et à raison de **5** c. **75** le kilomètre, donneraient une recette de **2,070** fr. par jour, soit de **755,550** fr. par an. Les frais d'exploitation et l'intérêt du capital dépensé pouvant être couverts par une recette de 961,950 fr., il resterait seulement à parfaire une somme de 206,400 fr.

Ce résultat actuel, immédiat et certain ne peut être sérieusement contesté. Toutes les fois que l'on a évalué les recettes probables d'une ligne à concéder, on a accepté comme dignes de confiance des calculs moins modestes; on n'a pas fait subir volontairement au nombre des voyageurs une réduction de près des deux tiers, et cependant les prévisions, les plus exagérées en apparence, ont toujours été dépassées dès les premières années de l'exploitation, par suite de l'influence des voies ferrées sur le déplacement des populations. Il en sera de même pour la Corse. Nous avons la ferme conviction que la recette des voyageurs, provenant des ressources locales, suffira largement pour couvrir les frais d'exploitation et les intérêts du capital dépensé.

Personne n'ignore, en effet, que le chemin de fer n'est pas seulement le mode de locomotion le plus prompt; il est encore le plus économique. L'ouvrier, le laboureur et les classes aisées donneront toujours la préférence à ce moyen de transport pour les distances de plus de dix kilomètres. Quelques semaines suffiront pour faire disparaître de la route orientale les diligences, les chars à bancs, les charrettes qui trouveront, d'ailleurs, un emploi utile et avantageux dans le service des correspondances, entre les stations du chemin de fer et les localités voisines, ou dans les exploitations agricoles et forestières.

M. Limperani a signalé avec raison l'influence que l'agglomération des populations, entre le pont du Golo et Prunete, doit exercer sur les recettes du chemin de fer. Sur une étendue de 420 kilomètres carrés, on compte 30,855 habitants qui viennent à Bastia échanger, contre les objets manufacturés dont ils manquent, les produits variés d'un territoire riche et fertile. En outre, les stations de Bevinco, du Golo, d'Aleria, recueilleront les voyageurs de la province du Nebbio, des arrondissements de Corte et d'Ajaccio; ceux de l'arrondissement de Sartène pourront profiter des stations de Bonifacio, de Portovecchio et de Solenzara. On voit donc que le rail-way de Bastia à Bonifacio doit compter sur un nombre de voyageurs très-considérable, et que nos évaluations seront bientôt dépassées.

Recherchons maintenant les ressources applicables au transport des marchandises. En première ligne, nous devons faire figurer le commerce général d'importation et d'exportation de la ville de Bastia qui, en 1863, s'est élevé à la somme de 20,305,297 fr., et qui se rapporte, en très-grande partie, à la consommation ou à la production de l'intérieur de l'île. Le rail-way profitera donc, pour des distances plus ou moins longues, d'une partie du mouvement de notre port représenté en 1863, entrées et sorties réunies, par le chiffre énorme de 212 mille tonneaux.

Nous recevons de Sardaigne trois mille têtes de gros bétail pour l'approvisionnement de Bastia et des localités voisines. Nous importons, du nord de la même île, 25 mille mètres cubes de charbon de bois pour la consommation des usines de Toga et de Solenzara. Le charbon, provenant de Sardaigne pour les besoins de l'usine de Toga, devra parcourir toute la ligne, soit 165 kilomètres et celui à destination de Solenzara 62 kilomètres seulement. Ajoutons que l'usine de Toga reçoit, chaque année, 70 mille quintaux métriques de charbon fabriqué sur la côte orientale, aux environs de Calzarello, de Solenzara et de Portovecchio, c'est-à-dire presque à l'extrémité de la ligne projetée, et que, de son côté, l'usine de Solenzara consomme aussi une grande quantité de charbon préparé dans les makis et forêts, situés dans le voisinage du chemin de fer de Bastia à Bonifacio.

A ces premières ressources déjà si importantes, il faut ajouter la consommation de la ville de Bastia qui, dans les années de bonne récolte, tire de l'intérieur et surtout de la côte orientale une grande partie de ses approvisionnements

Année moyenne, il se consomme à Bastia plus de 5 mille tonnes de blé et 20 mille têtes de petit bétail. Nous n'insisterons pas sur tous les autres articles tels que légumes de toutes sortes, matériaux, bois de construction, etc. etc., qui, réunis, représentent une masse encombrante très-considérable.

Signalons encore cette côte orientale, dont la superficie est de 150 mille hectares, et dont les produits ne sont pas consommés sur place, parce que les agglomérations de population y font défaut. Tous ces produits, céréales, fourrages, légumes secs et verts, seront transportés aux lieux de consommation par le chemin de fer. Il est vrai qu'une grande partie de cette immense étendue de terrains n'est pas cultivée, mais il est juste de tenir compte de la production actuelle qui contribue, dans de si larges proportions, à l'approvisionnement du pays et aux développements de notre commerce d'exportation.

La Corse exporte annuellement pour près de quatre millions de francs de bois communs. Plus des trois quarts des bois jetés dans la consommation sont embarqués dans les ports ou sur les plages de la côte orientale. Il est facile de se convaincre que cette masse encombrante sera nécessairement transportée à Bastia par le chemin de fer. En effet, les navires sont obligés de se rendre

sur lest à Portovecchio ou aux plages de Calzarello et de Solenzara, exposées à tous les vents,
inaccessibles pendant huit mois de l'année et dé-
solées, dans la bonne saison, par le mauvais air
qui décime les équipages. Il en résulte une augmentation très-sensible dans le prix du fret. Or
il est sorti, en 1862, du port de Bastia, 307 navires sur lest allant à l'étranger et jaugeant 27 mille
tonnes. Il sera facile d'utiliser ces navires pour le
chargement des bois communs, et de les affréter
sur place à des conditions assez avantageuses
pour que les exporteurs trouvent, dans la différence du prix de nolis, une large compensation
des frais de transport par chemin de fer jusqu'au
port d'embarquement.

Cette ressource, sur laquelle la compagnie concessionnaire a le droit de compter, doit être prise
en très-sérieuse considération. Il y a quatre années à peine que l'exploitation des massifs fores-
tiers de la Corse a été entreprise sur une large
échelle. La production, déjà si considérable, suit
une progression rapide, et nos détracteurs eux-
mêmes ne contestent point que les forêts de l'île
ne puissent jeter annuellement dans la consommation plus de 200 mille mètres cubes de bois
équarris. Si l'on songe que la moitié des richesses forestières de la Corse se trouvent sur le versant oriental de l'île, et qu'il y aura économie à

diriger les bois sur Bastia, on est obligé de reconnaître que, dans quelques années, le rail-way de Bastia à Bonifacio pourra transporter, sur un parcours moyen de 90 kilomètres, cent mille mètres cubes de bois équarris, qui lui assureront une recette de 6 à 700 mille francs par an.

Ce ne sont pas là des données hypothétiques. Le trafic actuel ne serait, il est vrai, que de 30 mille mètres cubes environ procurant une recette approximative de 210 mille francs, qui seule peut, en ce moment, être portée à l'actif de la compagnie. Mais il faudra au moins quatre ans avant que le chemin de fer ne soit livré à la circulation; et si la progression, constatée dans ces dernières années, se maintient, nous atteindrons incontestablement, avant l'achèvement du rail-way, le chiffre précité de cent mille mètres cubes à exporter par les ports de la côte orientale. Ces évaluations de notre débit annuel de bois de construction sont admises par les adversaires de notre pays et même par la *Revue des deux Mondes*, dont nos lecteurs connaissent l'esprit d'hostilité envers la Corse.

Ce rapide aperçu sur les marchandises dont le transport est, en grande partie, assuré au rail-way de Bastia à Bonifacio, nous permet d'affirmer qu'en évaluant ce trafic à cent mille tonnes, on fait une estimation très-modérée. Et comme le transport des charbons, des bois, des bestiaux, qui forment près des deux tiers de cette masse encombrante, s'effectuera pour des distances moyennes de 90 kilomètres, on peut porter à 75 kilomètres le parcours moyen de chaque tonne de marchandises, ce qui, à raison de 6 c. 97 par tonne et par kilomètre, garantit, pour cent mille tonnes, une recette de 522,750 fr. par an.

Il est difficile, nos lecteurs le comprendront, d'apporter dans ces évaluations toute la précision désirable. Mais en faisant connaître les bases de nos calculs, nous avons fourni tous les moyens de contrôle dont on puisse actuellement disposer. Ces bases reposent principalement sur les approvisionnements de Bastia, les produits de la côte orientale, les charbons de bois, les bois de construction, les céréales, les légumes verts et secs, les marbres etc., actuellement exportés par les plages foraines qui se trouvent sur le parcours du rail-way projeté.

Nous n'avons pas tenu compte des produits de toutes sortes qui seront transportés, pour des distances plus ou moins longues, sur la côte orientale avant d'être dirigés sur les centres de population qui se trouvent dans l'intérieur de l'île.

Nous pouvons donc dès à présent porter en recette, pour les chemins de fer de la Corse, comme provenant des ressources locales :

1° Produit du mouvement des voyageurs de la
Corse 755,550
2° Id.   des marchandises id. . . 522,750

Total. . . 1,278,300

D'après les évaluations faites, il y a quelques instants, la dépense annuelle pour frais d'exploitation
et intérêts du capital serait de . fr.   961,950
Le mouvement spécial de la Corse
devant produire. . . . . . . fr.   1,278,300
l'excédant de la recette sur la dépense serait de . . . . fr.   316,350

Ainsi, la Corse, abstraction faite de toutes les
ressources éventuelles que sa situation géographique assure au chemin de fer de Bastia à Bonifacio,
est en mesure de fournir une recette minimum
de 1,278,300 fr. qui dépasse de 676,050 fr. les
frais d'exploitation et laisse, après paiement de
l'intérêt du 5 1[2, un bénéfice net de 316,350 fr.,
soit en totalité près de 10 1[2 pour cent.

CHAPITRE V.

Influence des rails-ways sardes sur les recettes de la ligne de Bastia à Bonifacio. — Voyageurs de la Sardaigne. — Avantages que leur offrira le chemin de fer de la Corse. — Abréviation de la traversée de mer. — Produit présumé du transport des voyageurs et des marchandises. — Communications postales maritimes entre Malte, l'Egypte, la Tunisie, l'Algérie, la France et l'Italie. — Avenir du réseau sardo-corse.

Nous ne nous sommes jusqu'à présent occupé que des ressources provenant de la Corse. Nous devons maintenant envisager la recette sous un autre aspect, et rechercher l'influence que le railway de la Sardaigne exercera sur les conditions financières de notre réseau.

Le nombre des voyageurs, qui arrivent en Corse du continent français et viceversa, est annuellement de 17 mille environ. Le mouvement réciproque avec l'Italie donne une moyenne de 20 mille voyageurs par an, soit en tout 37 mille voyageurs. Nous manquons de données précises en ce qui concerne la Sardaigne ; mais si l'on considère que cette île est deux fois plus peuplée

que la Corse, et qu'elle reçoit annuellement plus
de 15 mille ouvriers italiens, on peut, sans être
taxé d'exagération et en se tenant, au contraire
au-dessous de la vérité, porter à 50 mille le nombre minimum des voyageurs qui débarquent chaque année en Sardaigne et viceversa. Or, il est
facile de se convaincre par l'étude de l'organisation des services postaux de la Sardaigne et
de son mouvement commercial qui, sauf la Corse
et Marseille, se fait presque exclusivement avec
les ports de l'Italie du nord, il est facile, disons-
nous, de se convaincre que plus des $19/20^{mes}$ des
voyageurs à destination de la Sardaigne passent
par les ports de la Toscane et du Piémont.

Ce fait admis (et il ne saurait être sérieusement
contesté), quel sera le mode de transport préféré
par ces 50 mille voyageurs? Nous le demandons
à tous les hommes de bonne foi qui se sont occupés de statistique, et qui ont suivi avec quelque attention l'influence que les chemins de fer
ont exercée sur les habitudes des populations,
n'est-il pas incontestable que là où les chemins
de fer ont été établis, le mouvement des voyageurs par la voie de mer, entre deux ports détermi-
nés, représente à peine le deux pour cent du mouvement total? Malgré l'abaissement extraordinaire
des prix de transport pour faire la concurrence
aux chemins de fer, quels sont les voyageurs.

pauvres ou riches, qui prennent la voie de mer.
pour se rendre de Marseille à Nice et même de
Marseille à Cette, en dépit de la longueur de la
voie ferrée, qui remonte jusqu'à Tarascon avant
de se diriger vers Cette?

Il en sera de même pour la Sardaigne : Cagliari, Terranova, Alghero, Oristano, Orosei seront
abandonnés par les voyageurs comme ports de
débarquement et d'embarquement. Tous, pauvres
ou riches, prendront la voie ferrée pour se rendre
dans un des ports du nord de l'île, à Longosardo,
afin d'abréger la traversée de mer. Et en vertu
du même principe, sous l'influence du même sentiment qui prend toujours le caractère d'un courant irrésistible, ne seront-ils pas amenés, lorsqu'ils se trouveront en face du détroit de Bonifacio, à traverser ce bras de mer, que l'on peut
franchir en moins d'une heure, et à profiter du
rail-way de la Corse qui les conduira jusqu'à
Bastia? De ce dernier port, ils se rendront à Livourne en 6 heures, à Gênes en 10 heures, ré-
duisant ainsi des deux tiers la durée de la traversée de Portotorres à Livourne, et de plus des
3/5mes la traversée de Portotorres à Gênes.

Le trajet de mer, de Cagliari à Livourne, est de
301 milles, soit 557 kilomètres; celui de Cagliari
à Gênes est de 369 milles, soit 673 kilomètres.
Par suite de la construction du réseau sardo-

corse, ce trajet se trouvera réduit, y compris le passage du détroit, à 67 milles ou 130 kilomètres au lieu de 557 kilomètres de Cagliari à Livourne, et à 111 milles ou 205 kilomètres au lieu de 672 kilomètres de Cagliari à Gênes; mais, dès que le chemin de fer de Gênes à Livourne sera livré à la circulation, ce dernier port sera préféré par les voyageurs comme lieu de débarquement et d'embarquement, et les avantages du rail-way corse deviendront alors plus sensibles encore.

On se rendra en 14 heures de Cagliari à Livourne, et en 18 heures de Cagliari à Gênes. Actuellement il faut 34 heures de Cagliari à Livourne, et 41 heures de Cagliari à Gênes. La traversée sera réduite, de 34 heures à 7 heures, soit des 4/5, de Cagliari à Livourne, et de 41 heures à 11 heures, soit des 3/4 de Cagliari à Gênes.

En présence de la célérité de locomotion que les chemins de fer franco-sardes assureront aux voyageurs, en présence surtout de l'avantage qu'ils procureront d'abréger des trois quarts le trajet de mer, et de diminuer, dans des proportions notables, les risques et les ennuis d'un voyage toujours plus pénible et plus chanceux sur mer que sur terre, il est hors de doute que la presque totalité des voyageurs à destination de la haute Italie ou de la Toscane, donnera la préférence aux chemins de fer insulaires. Les

voyageurs auront, il est vrai, une opération d'embarquement et de débarquement en plus, opération qui, d'ailleurs, s'effectuera avec la plus grande
rapidité : au surplus, ce léger ennui ne sera-t-il
pas largement compensé par l'abréviation inouïe
de la traversée sur mer? Qui ignore, en outre,
que ce genre d'opération ne demande que quelques instants, qu'il est très-fréquent dans plusieurs
contrées sillonnées par les chemins de fer, et qu'il
est accepté avec le plus grand empressement
quand il offre un moyen sûr d'abréger les
distances?

Objectera-t-on les embarras qui résulteront,
pour les voyageurs, des rapports qu'ils seront
obligés d'avoir avec diverses compagnies? L'objection n'est pas sérieuse : les voyages de Paris à Londres en sont la preuve. Par suite d'arrangements
entre les compagnies intéressées, des billets, vala-
bles pour tout le trajet, seront délivrés soit à
Gênes ou à Livourne, soit en Sardaigne, et les
voyageurs n'auront qu'à s'installer à bord des bateaux à vapeur, sans se préoccuper des bagages
qui devront leur être consignés à leur arrivée à
destination.

Objectera-t-on enfin que le bateau à vapeur,
affecté au service du détroit de Bonifacio et dont
le départ devra avoir lieu tous les jours à l'arrivée
du train principal, se trouvera quelquefois, par

suite du mauvais temps, dans l'impossibilité d'effectuer sa traversée? Cette éventualité se présentera fort rarement, et, dans tous les cas, les inconvénients, les risques et les retards ne seront-ils pas plus considérables pour un long trajet que pour un passage qui s'accomplira en moins d'une heure?

Nous sommes, à notre grand regret, obligés de fatiguer nos lecteurs par des détails fastidieux, mais dont ils ne tarderont pas à saisir toute l'importance. En effet, si notre raisonnement est juste (et il nous paraît à l'abri de toute controverse), si les chiffres que nous avons posés sont exacts, les chemins de fer de la Corse se présentent dans des conditions financières qui en exigent la concession et la construction immédiates. C'est ce qui nous décide à expliquer les faits avec toute la clarté possible, afin que chacun puisse les contrôler, les vérifier, et redresser nos erreurs, si, ce que nous ne croyons pas, nous en avons commises. La vérité ne craint pas la lumière ; elle la recherche et compte sur la discussion pour assurer son triomphe.

Nous n'avons, nos lecteurs l'ont bien compris, fait entrer en ligne de compte que les voyageurs à destination des pays situés au Nord de la Sardaigne. Ceux qui, de cette île, se dirigent vers le Sud de l'Italie, auront tout intérêt à se rendre, de

Cagliari à Naples, par voie de mer, malgré un trajet qui, dans l'organisation postale actuelle, est de
148 lieues marines. Mais les rapports entre la
Sardaigne et le Sud de la péninsule sont encore
peu étendus; pour les 19|20es, le mouvement des
voyageurs se fait avec le Nord de l'Italie, depuis
la frontière des États-Romains jusqu'aux Alpes.

Nous affirmons que, pour ces derniers, le trajet par les chemins de fer de la Corse sera toujours le plus prompt et le plus avantageux. Vainement a-t-on voulu prétendre que, dans quelques années, lorsque le chemin de fer du littoral
italien sera achevé, on donnera la préférence aux
communications établies entre la Sardaigne et un
point quelconque de l'ancien royaume de Naples
ou des États Pontificaux. Cette objection n'est pas
sérieuse, et, pour la réfuter, il suffit de consulter une carte marine.

Les côtes de la Corse et de la Sardaigne se
trouvent sur la même longitude et sont perpendiculaires l'une à l'autre, dans la direction Nord-
Sud. Mais la côte d'Italie, à partir de Piombino,
fuit considérablement dans la direction de l'Est-
Sud-Est. Il en résulte que la Sardaigne en est
beaucoup plus éloignée que la Corse. Sans parler
de la Sicile, dont le cap le plus rapproché est à
189 milles ou 350 kil. de l'extrémité méridionale
de la Sardaigne, nous constatons que Cagliari est

à 306 milles soit 566 kilomètres de Naples, et
que l'on compte 134 mille ou 248 kilomètres
entre les deux ports les plus rapprochés, qui sont
le golfe de Terranova en Sardaigne et Civitavecchia dans les États Romains. La traversée moyenne, entre ces deux derniers ports, serait de 15 à
17 heures, et, en débarquant sur le sol italien,
les voyageurs se trouveraient à peu près sous la
même latitude que le détroit de Bonifacio.

La distance de Bastia à Livourne étant de
62 milles, le trajet par mer, y compris le passage du détroit, serait de 67 milles, soit en tout
124 kilomètres contre 248 kil. de Terranova à
Civitavecchia. Ce trajet serait donc moitié moins
long que celui de la Sardaigne au point le plus
rapproché de la côte d'Italie. Mais, dès qu'il s'agit
de rechercher les moyens d'abréger les distances,
en prévision de l'établissement des chemins de
fer sur le littoral de la péninsule, pourquoi ne
rappellerions-nous pas que Bastia est à moins de
45 milles (85 kilomètres) de Piombino, port situé
à l'Est de l'île d'Elbe et à 150 kil. au Nord de Civitavecchia; que cette distance sera franchie en
4 heures ou 4 1/2 et que le gouvernement italien,
dont nous admirons la sagesse et la prévoyance,
se propose, en vue précisément des chemins de
fer insulaires, d'établir un service journalier de
Piombino à Bastia, à moins que la France ne

s'efforce de devancer l'Italie en prenant l'initiative de cette utile innovation!

Voilà donc cette objection complètement détruite, puisque, du golfe de Terranova à Civitavecchia, la distance de 134 milles ou de 248 kilomètres ne peut être franchie qu'en 15 ou 17 heures, tandis que Bastia n'est qu'à 45 milles ou 85 kilomètres de Piombino et que ce trajet, beaucoup plus facile d'ailleurs au point de vue nautique, pourra être effectué en 4 heures ou 4 et demie. Il est donc évident que l'avenir ne nous réserve aucun mécompte, vu la situation insulaire de la Sardaigne, et que la presque totalité du mouvement des voyageurs, entre l'Italie et la Sardaigne, se fera, par les chemins de fer de la Corse, avec moins de risques et avec une économie réelle de temps et d'argent.

Tout voyageur, venant de Sardaigne ou s'y rendant, devra parcourir en entier la ligne de Bastia à Bonifacio, puisque le seul port intermédiaire, celui de Portovecchio, se trouve à 200 kilomètres de Piombino et à 242 kil. de Civitavecchia.

Ces faits établis, voyons les conséquences que nous devons en tirer au point de vue de l'exploitation de la ligne de Bastia à Bonifacio. Nous avons dit que le mouvement annuel de va et vient de la Sardaigne est représenté au minimum par le chiffre de cinquante mille voyageurs. Nous avons prouvé que tous donnent la préférence aux chemins de fer lorsqu'il s'agit de diminuer les distances et surtout d'abréger la durée des traversées sur mer. Nous pouvons donc affirmer que, d'après les évaluations les plus modérées, on doit porter à quarante mille, aller et retour, le nombre des voyageurs dont le trafic est assuré à l'exploitation du rail-way de Bonifacio à Bastia. Ce trafic serait plus considérable encore si l'on rendait notre chemin de fer accessible aux plus modestes ouvriers, en établissant, à l'instar de ce qui a été fait pour le réseau sarde, des wagons de quatrième classe.

Nos lecteurs n'ont pas oublié qu'en nous occupant de la recette nécessaire pour couvrir les frais d'exploitation et les intérêts du capital dépensé, nous avons, en prenant pour base la moyenne de la recette des voyageurs comparée à celle des marchandises, établi que, pour ne pas constituer en perte la compagnie concessionnaire ou le gouvernement, il fallait un mouvement annuel de 44,149 voyageurs, transportés à 165 kilomètres, soit 123 voyageurs par jour et 31 voyageurs par chaque train.

Les 40,000 voyageurs, provenant de notre proximité avec la Sardaigne, représenteraient les 10/11ᵉ du mouvement annuel précité, soit 110 voyageurs par jour, et 27 voyageurs par chaque train.

La recette, calculée à raison de 9 fr. 48 par voyageur (165 kilomètres à 5 cent. 575), s'élèverait à la somme de 379,500 fr. Il resterait donc, non compris le produit spécial à la Corse, à effectuer seulement une recette de 39,341 fr. pour parfaire la somme de 418,841 fr., qui représente la part contributive du transport des voyageurs pour couvrir les frais d'exploitation et les intérêts du capital dépensé par la Compagnie.

Ainsi la recette minimum, pour le mouvement des voyageurs entre la Sardaigne et le Nord de l'Italie, doit être évaluée à 379,500 fr. Chacun peut contrôler ces chiffres. Quant à nous, nous les croyons à l'abri de toute discussion.

Demandons-nous maintenant quelle sera la recette des marchandises? Sur ce point, on comprendra que le champ des suppositions est plus vaste et qu'il est difficile de fournir des données exactes. Nous allons cependant examiner cette question; et la conclusion modeste à laquelle nous arriverons pourra, mieux que toutes nos explications, faire apprécier la réserve que nous apportons dans nos évaluations.

Le mouvement général de la navigation de la Sardaigne a été, en 1859, de 274,339 tonneaux. En déduisant, comme de juste, la part qui revient à la France et aux autres États, nous trouvons que le Piémont et la Toscane sont compris dans ce mouvement pour 117,074 tonneaux. Ce chiffre ne suffit pas pour nous renseigner sur l'importance réelle des échanges, sous le double rapport du poids et de la valeur, et nous désirons apporter dans l'examen de cette affaire une précision qui ne puisse donner lieu à aucune controverse.

Si nous consultons les statistiques, publiées par le gouvernement italien à l'appui du projet de loi relatif à la concession des chemins de fer de la Sardaigne, nous trouvons que le poids des marchandises, échangées entre la Sardaigne et le Piémont, en 1859, a été de 40,067,146 kil. non compris les bestiaux, soit 40,067 tonnes, représentant une valeur de 17,533,434 fr. Il convient d'y ajouter 7 millions de kil. environ, soit 7 mille tonnes, pour le commerce avec la Toscane, qui figure, dans le tableau de la navigation, pour 16 mille tonnes, et dans le tableau des valeurs, pour 1,619,000 fr. Le mouvement total de la Sardaigne avec le nord de l'Italie s'élève donc à 47,067 tonnes environ, d'une valeur de 19,152,434 fr.

Admettons, si l'on veut, que ce chiffre de 47 mille tonnes ne sera pas promptement doublé par la transformation, que les chemins de fer accompliront dans l'île de Sardaigne, et voyons dans quelle mesure la ligne de Bastia à Bonifacio pourra profiter de ce transit de marchandises.

Il suffit de jeter les yeux sur le tableau des importations et des exportations pour se convaincre, que près de la moitié du poids et plus des
9/10es de la valeur des importations de la Sardaigne se rapportent à des marchandises que les
habitudes du commerce font expédier, par chemins de fer, et à défaut par bateaux à vapeur. On
peut encore évaluer à 15 mille tonnes le poids des
marchandises exportées dans les mêmes conditions, c'est-à-dire que les bateaux à vapeur, entrées et sorties réunies, transportent au moins
23 mille tonnes de marchandises. Or, si l'on
songe que la création des chemins de fer sardes aura pour conséquence de simplifier le service postal maritime de cette île, en desser-
vant le sud de l'Italie par le golfe de Terranova,
et le nord par un des ports de l'extrémité sep-
tentrionale de la Sardaigne, il est évident que
c'est par le dernier de ces ports que s'effectuera
tout le transit des 23 mille tonnes précitées. Il
n'est pas moins évident que la construction de la
ligne de Bastia à Bonifacio décidera le gouvernement italien à s'en servir pour ses communications postales, et à supprimer, par suite, comme
inutiles et onéreux, les services postaux maritimes établis entre Gênes, Livourne et la Sardaigne, suppression qui procurera au Trésor une
économie de près d'un million par an. On sub-

stituerait à ces derniers services le courrier quotidien projeté de Livourne ou plutôt de Piombino à Bastia ; et dès lors, pourquoi ne ferions-nous pas entrer dans nos prévisions le transit d'une partie des marchandises, par le chemin de fer de la Corse, transit rendu nécessaire et avantageux par la modification apportée dans le système des communications à vapeur, entre la Haute-Italie et la Sardaigne? En fixant à 12 mille tonnes seulement le transit des marchandises par la Corse, nous faisons une évaluation modérée et nous tenons compte, dans des limites raisonnables, des inconvénients résultant d'une opération de transbordement en plus.

Ces 12 mille tonnes, transportées à 165 kil. à raison de 6 cent 97 le kil., soit 11 fr. 50 la tonne, donneront une recette de 138,000 fr., évaluation insuffisante si l'on remarque qu'il s'agit de marchandises appartenant aux premières séries, pour lesquelles le prix de transport dépasse de beaucoup le prix moyen, et que la construction du réseau sarde aura pour conséquence de doubler et même de tripler, dans un bref délai, le commerce général de la Sardaigne.

Ainsi nous devons porter en recette, pour les chemins de fer de la Corse, comme provenant du mouvement spécial de transit de la Sardaigne :

1° Transport des voyageurs . . 379,500 »
2°   id   des marchandises . . 138,000 »
____
Total. . . . 517,500 »

Il aurait donc suffi de pouvoir tirer de la Corse un produit de 444,450 francs!

Nous avons prouvé, il y a quelques instants, que la circulation des voyageurs et des marchandises de la Corse est susceptible de donner une recette, qui dépassera de 316,350 fr. la totalité de la dépense annuelle. Mais avant de résumer les chiffres posés dans cette discussion, nous croyons utile d'énumérer, en quelques mots, sauf à y revenir plus tard, les recettes extraordinaires qui doivent accroître, dans des proportions notables, le produit du transit assuré au rail-way corse par le voisinage de la Sardaigne.

La ligne de Bonifacio à Bastia pourra profiter du produit des transports à grande vitesse, qui touchent à Malte pour se rendre en France. Le trajet direct de Malte à Marseille est de 628 milles soit 210 lieues. La traversée, calculée toujours d'après la vitesse réglementaire moyenne, s'effectue en 70 heures. En passant par Cagliari et Bastia pour se rendre à Nice, le trajet se fera en

55 heures (*). Le trajet de Malte au continent français se trouvera donc réduit de 15 heures, et la traversée sur mer de 22 heures.

Le trajet de Malte au continent français, par la côte d'Italie, abstraction faite d'une demi-journée de relâche dans chaque port, s'effectue en 93 heures. La ligne de Cagliari sera évidemment préférée par les voyageurs fatigués par le mal de mer ou pressés d'arriver. Presque tous ceux qui toucheront à Malte, venant d'Egypte ou de tout autre point, profiteront de la ligne de Cagliari. Cet avantage sera assuré même lorsque le chemin de fer du littoral italien sera achevé jusqu'à Reggio, puisque, en passant par Cagliari, la distance pour arriver à Nice n'est que de 1,070 kilomètres, tandis que, par l'Italie, elle dépassera 1,700 kilomètres.

Le gouvernement italien a établi récemment un service postal de Tunis à Cagliari. Le rail-way corse profitera de tout le mouvement de voyageurs et d'une grande partie du commerce d'échanges entre la régence de Tunis et l'Italie,

---

(*) Voici le détail des distances : 34 heures de Malte à Cagliari (310 milles), 5 heures de Cagliari à Lungo-Sardo (220 kilomètres à raison de 45 kilomètres à l'heure), une heure pour la traversée du détroit, 3 heures 3|4 de Bonifacio à Bastia (165 kilomètres) et 12 heures de Bastia à Nice.

entre Tunis et le continent français, entre Tunis et tous les Etats de l'Europe occidentale. Ce commerce est assez important; pour la France seulement, il atteint 23 millions de francs par an.

Tunis est à 143 milles de Cagliari; cette distance pourra être franchie en 15 ou 16 heures. En passant par Bastia, on se rendra donc de Tunis à Livourne en 30 heures au lieu de 49 heures, de Tunis à Gênes en 35 heures au lieu de 54, que l'on emploierait actuellement, si les départs de Cagliari pour Gênes et Livourne avaient lieu immédiatement après l'arrivée du courrier. Dans les deux cas, la durée du voyage sera réduite de plus des deux cinquièmes.

En ce qui concerne la France, la différence sera encore plus saillante. En 37 heures, on se rendra de Tunis à Nice, tandis que les communications postales se font par Bone et Stora, ce qui porte à 610 milles la distance de Tunis à Marseille, et à 80 heures la durée effective du trajet sur mer : différence 43 heures. Il faut observer que l'on met aujourd'hui plus de cinq jours pour se rendre de Tunis à Marseille, par les deux escales précitées.

Enfin le voyage de Bone à Nice, par Cagliari et Bastia, s'effectuera aussi en 37 heures, tandis que le service actuel, avec escale à Stora, impose un trajet effectif sur mer de 59 heures.

Ainsi, de Tunis à Livourne, par Cagliari et Bastia, 30 heures au lieu de 49 heures, différence 19 heures.

De Tunis à Gênes, 35 heures au lieu de 54 heures, différence 19 heures.

De Tunis à Nice 37 heures, au lieu de 80 heures (ligne de Tunis à Marseille, en supposant que les escales ne soient que de quelques minutes), différence 43 heures (*).

De Bone à Nice (la distance de Bone à Cagliari est, à 3 kilomètres près, égale à la distance de Tunis à Cagliari) 37 heures au lieu de 59 heures (ligne de Bone à Marseille avec escale à Stora) différence 22 heures.

Mais ce n'est pas tout : la préférence des voyageurs en faveur du réseau sardo-corse devant avoir pour but non-seulement d'économiser le temps, mais surtout d'abréger les traversées sur mer, voyons la différence à ce dernier point de vue.

De Tunis à Livourne, 22 heures au lieu de 49 heures, différence 27 heures (plus de moitié).

De Tunis à Gênes, 26 heures au lieu de 54, différence 28 heures (plus de moitié).

(*) Les voyageurs partant de Tunis le dimanche à midi arrivent à Marseille le vendredi à 4 heures du soir. Durée du voyage cinq jours et 4 heures.

De Tunis à Nice, **28** heures au lieu de 80, différence **52** heures (près des deux tiers).

De Tunis à Marseille, **38** heures au lieu de 80 heures, différence **42** heures (plus de moitié).

De Bone à Nice, **28** heures au lieu de 59 heures (de Bone à Marseille), différence **31** heures (plus de moitié).

De Bone à Marseille par Bastia 38 heures au lieu de 59 heures, différence **21** heures (plus du tiers).

Ces statistiques ne se rapportent qu'aux traversées faites dans de bonnes conditions. Lorsque les vents soufflent avec violence, les différences signalées seront encore plus considérables.

On voit par ce tableau que l'idée émise, il y a dix ans, par M. Conti et par M. Conte Grandchamps, ingénieur en chef de la Savoie, a fait son chemin. Il est évident que les voyageurs donneront la préférence à un mode de locomotion, qui leur assurera, avec une économie de temps et d'argent et une diminution de risques, l'avantage d'une traversée plus sûre et abrégée de moitié.

Pour contester l'exactitude de nos conclusions, il faudrait nier l'évidence et ne tenir aucun compte de l'expérience acquise en Angleterre, en France et en Italie.

La double opération de transbordement ne sera pas un obstacle : un service bien organisé, des départs coïncidant avec l'arrivée des bateaux à vapeur ou des trains, rendront ce retard insignifiant. Nous invoquons à l'appui le témoignage de tous ceux qui ont fait le trajet de Paris à Londres.

Parmi les ressources éventuelles que nous venons d'indiquer, une seule est certaine en ce moment, c'est le produit de tout le mouvement des voyageurs entre Tunis et l'Europe. Grâce à la ligne directe de Tunis à Cagliari, ce produit est assuré au chemin de fer de notre côte orientale.

Pour le surplus, il faudra attendre que la France ait compris, à son tour, les profits qu'elle peut tirer d'un service régulier, entre la régence de Tunis, la côte Est de notre colonie africaine et la Sardaigne. Espérons que l'initiative de notre gouvernement ne tardera pas à se préoccuper de cette question, qui intéresse à un si haut degré le commerce de l'Empire et la prospérité de l'Algérie.

Nous terminerons ici ce trop long exposé, hérissé de détails de statistique qui fatigueront sans doute beaucoup de nos lecteurs. La situation de la Corse nous imposait ce travail pénible et aride. Notre pays est poursuivi par une sorte de fatalité, qui paralyse l'exécution des mesures les plus utiles. Nous avons à lutter contre d'injustes préventions, contre des défiances inexplicables. On

s'est habitué à nous considérer comme un département pauvre et sans avenir. Il faut donc réunir
tous les documents, accumuler les preuves, afin
que les amis de la Corse puissent les consulter
utilement et les produire pour réfuter toutes les
objections malignes.

CHAPITRE VI.

Récapitulation des ressources assurées à la ligne de Bastia à
Bonifacio. — Excédant de recettes et dividende. — Modération de nos évaluations. — Embranchement sur Ajaccio. —
Tracés par Sartène, par la vallée du Tavignano et par la
vallée du Golo. — Étendue du parcours, difficultés d'exécution et intérêt des populations. — Tracé du pont du Golo à
Corte par Ponteleccia : dépense approximative. — Section
de Corte à Ajaccio : tunnel de Vizzavona. — Subvention de
l'Etat. — Dépense à la charge de la compagnie. — Intérêts
du capital et frais annuels d'exploitation.

Nous avons évalué à 517,500 fr. la recette que
le mouvement spécial de transit de la Sardaigne
doit procurer au chemin de fer de Bastia à Bonifacio. Nous croyons avoir démontré que nos prévisions seront sensiblement dépassées, par suite
de la transformation que les chemins de fer accompliront dans l'île de Sardaigne; nous rappellerons, en outre, que nous n'avons pas tenu
compte des ressources éventuelles provenant
d'une partie du mouvement de voyageurs et de
marchandises entre l'Egypte, Malte, la Tunisie,
la province de Bône et l'Europe occidentale. Ce
mouvement sera très-considérable: en fixant à

300,000 fr. le produit de ce transit, nous reste-
rions, sans contredit, au dessous de la vérité.

Nous sommes persuadé que tous les hommes
compétents, qui voudront bien étudier cette question, seront obligés de reconnaître, avec nous,
que la création du réseau sardo-corse aura pour
conséquence inévitable de modifier l'organisation
des services postaux dans cette partie de la Méditerranée. Néanmoins, pour ne pas nous écarter de
la réserve que nous avons apportée dans nos premières évaluations, nous ne voulons pas faire figurer à l'avoir de la compagnie cette ressource
éventuelle, et en faisant cette concession, nous
espérons donner une nouvelle preuve du degré
de confiance que les chiffres que nous avons déjà
posés doivent inspirer.

Cette partie de notre travail est assez avancée
pour qu'il nous soit permis de récapituler les recettes diverses, que la compagnie concessionnaire sera en mesure d'effectuer, dès les premières années de l'exploitation. Nous les reprodui-
sons, en suivant l'ordre de la discussion à laquelle
nous venons de nous livrer :

1° Produit du mouvement des voyageurs de
la Corse . . . . fr. 755,550 »
2° Produit des marchandises id. 522,750 »

____

A reporter. . . fr. 1,278,300 »

Report. . . fr. 1,278,300 »

3° Produit du transport des voyageurs provenant du mouvement spécial de transit de la Sardaigne. 379,500 »

4° Produit des marchandises . . 138,000 »

Total de la recette. fr. 1,795,800 »

La dépense annuelle pour les frais d'exploitation et pour l'intérêt à 5 1/2 pour cent du capital dépensé (y compris l'amortissement) s'élèverait, ainsi qu'on l'a vu plus haut, à la somme de . . . . . 961,950 »

Resterait disponible. . fr. 833,850 »

Ainsi, après avoir payé tous les frais d'exploitation et avoir servi aux actionnaires un intérêt de 5 1/2 pour cent, la compagnie concessionnaire pourrait disposer, annuellement et dès les débuts du service, d'une somme de 833,850 fr., ce qui, y compris l'intérêt précité du 5 1/2, porterait à 18 pour cent le bénéfice net du capital dépensé par la compagnie qui, en réalité, ne doit pas dépasser 6,540,000 fr. Et si l'on ne veut tenir aucun compte des ressources éventuelles, on remarquera que la Corse, abstraction faite du produit du mouvement de transit de la Sardaigne, est en mesure de fournir une recette minimum de 1,278,300 fr., qui dépasse de 676,050 fr. les frais d'exploitation et laisse, après paiement de l'intérêt du 5 1/2, un bénéfice net de 316,350 fr., soit en totalité près de 10 1/2 pour cent.

Tel est le côté positif et pratique de cette opération financière, destinée à changer la face de notre pays. Nous avions bien raison de dire, au début de ce travail, que nous ne demandions pas une aumône, et que la création des chemins de fer de la Corse ne devait pas être une affaire de sentiment. En formulant nos vœux avec la plus grande énergie, en les appuyant sur des données statistiques de nature à commander une confiance sans réserve, nous sommes sûr de faire prévaloir les véritables intérêts de notre pays, et d'obtenir une réparation que nous avons le droit de réclamer, au nom de l'équité et de la justice.

Il nous semble que la question du chemin de fer de Bastia à Bonifacio ne peut manquer de triompher, si la vérité réussit à se faire jour. Pour éclairer le gouvernement de l'Empereur, nous comptons sur le patriotisme des notabilités corses et sur le concours de l'honorable M. Conneau, qui déjà s'est occupé, avec une si louable ardeur, du projet des chemins de fer insulaires. Il ne leur sera pas difficile d'amener une prompte et heureuse solution et de réfuter victorieusement les diatribes des détracteurs de la Corse.

La question du chemin de fer de la côte orientale se présente dans des conditions financières réellement exceptionnelles ; et cependant nous n'avons fait entrer en ligne de compte que les ressources actuelles de notre pays. Or personne n'ignore quelle est l'influence des chemins de fer sur la circulation des voyageurs et sur les développements du commerce et de l'industrie. Les prévisions même, que l'on supposait exagérées, sont bientôt dépassées par les résultats. Cette influence n'est nulle part aussi féconde que dans les pays nouveaux, où les rails-ways opèrent une transformation prodigieuse et rapide. On a vu que l'ouverture de quelques routes a suffi pour décupler, en peu d'années, le commerce de l'île et le mouvement des voyageurs. Il est permis d'espérer que la création des chemins de fer produira un résultat identique, en développant les germes de prospérité que la Corse renferme dans son sein.

Nous laisserons de côté les recettes que des exploitations forestières plus considérables et la mise en culture de toute la plaine orientale procureront au rail-way de Bastia à Bonifacio. Nous ne signalerons pas les avantages que le chemin de fer assurera à la France au point de vue stratégique et politique, ni la compensation que le Trésor trouvera dans l'accroissement de l'impôt foncier. Ces avantages seront exposés dans les considérations générales, par lesquelles nous nous proposons de terminer ce travail. Nous devons pour le moment nous borner à rechercher si le chemin de fer de la côte orientale doit être exécuté isolément, ou bien si nous avons le droit de demander, sans être taxés de prétentions exagérées, que le bienfait des rails-ways soit étendu à d'autres parties du territoire.

Et d'abord, que l'on nous permette de dire toute notre pensée sur le projet présenté par M. le docteur Conneau. Quelques personnes, dont le patriotisme nous est bien connu, ont manifesté des appréhensions au sujet du développement que nous voudrions voir donner au réseau des chemins de fer de la Corse. — Elles paraissent redouter l'application de ce proverbe : *qui trop embrasse mal étreint ;* elles nous engagent à modérer nos vœux, à nous contenter d'une seule ligne parcourant la plaine orientale, et à laisser aux générations à venir le soin de réclamer un embranchement sur le chef-lieu du département.

Nous sommes de leur avis en ce qui concerne l'intérêt que la Corse entière doit attacher à la création du chemin de fer de Bastia à Bonifacio. Toutes les parties du territoire ne peuvent jouir du bienfait des rails-ways, mais toutes sont appelées à profiter, dans une certaine mesure, des avantages que la ligne de Bastia à Bonifacio doit assurer à notre pays. La régénération d'une partie de l'île, l'impulsion que les voies ferrées donneraient au commerce, à l'industrie et à l'agriculture de la côte orientale, réagiraient sur les contrées limitrophes et contribueraient à répandre partout l'aisance et le bien-être. Aussi, quel que soit notre désir de faire accorder aux populations de l'intérieur de l'île et du versant occidental le précieux avantage des chemins de fer, nous n'hésitons pas à déclarer que si, à notre grand regret, le projet de mettre en communication Bastia avec Ajaccio devait, pour le moment, être écarté, nous considérerions comme un immense bienfait la concession même isolée de la ligne de Bastia à Bonifacio. Et nous ajouterons que celui qui, prenant en main la cause du chemin de fer de la côte orientale, contribuera à nous faire accorder cette satisfaction partielle, aura des droits à notre reconnaissance pour avoir facilité la régénération de la Corse, sans lois d'exception, sans atteintes portées à la dignité nationale, lois et atteintes, que nous avons subies avec résignation, mais qu'il nous sera bien permis de déplorer.

Telle est notre pensée tout entière sur le projet du chemin de fer de Bastia à Bonifacio. — Mais si nous accompagnons de tous nos vœux les promoteurs de cette idée, nous croyons néanmoins qu'il est de notre devoir de ne pas nous renfermer dans le cercle qui nous a été tracé, et d'entreprendre la défense de l'embranchement de Bastia sur Ajaccio, au double point de vue de la dépense et de l'économie politique. Nos arguments se réduisent à une question de chiffres; et loin de redouter le reproche d'avoir des prétentions exagérées, nous disons à tous les amis de notre pays, courage! Revendiquez pour la Corse ce qui lui est dû, ce qu'on ne saurait lui refuser sans injustice!

Ajaccio a un titre impérissable; c'est le berceau de la dynastie impériale. Chef-lieu du département, il est le centre de plusieurs administrations importantes. Son arrondissement est riche et populeux. Ajaccio est heureusement situé au fond d'un golfe vaste et sûr. Si Bastia est la métropole commerciale de la Corse, Ajaccio se présente, au second rang, il est vrai, mais à une grande distance des autres ports de l'île. Les deux cités regardent l'une l'orient, l'autre l'occident: chacune d'elles a son domaine, sa sphère d'action, des éléments de prospérité qui lui sont propres et qui se développent chaque jour. Séparées par une chaîne de montagnes et par une distance de

153 kilomètres, elles vivent trop indépendantes l'une de l'autre, malgré tant de causes diverses qui devraient confondre et mêler leurs intérêts. Cette fusion est nécessaire à l'avenir de la Corse. et elle s'effectuera promptement le jour où nos deux villes principales, devenues têtes de ligne par la création d'un chemin de fer, auront entr'elles des rapports fréquents et faciles.

Tous les chefs-lieux de département, à l'exception de Mende, sont desservis par les lignes déjà concédées. On ne saurait comprendre que la ville d'Ajaccio seule fût tenue à l'écart, alors surtout que tant de considérations politiques la recommandent à la sollicitude du gouvernement et de la France entière. Cette exclusion serait d'autant moins justifiée que les conditions financières de l'entreprise ne font pas obstacle à la réalisation du projet que nous proposons.

On a évalué arbitrairement les dépenses que nécessiterait la construction d'un embranchement sur Ajaccio. Deux projets ont été déjà sinon étudiés au moins effleurés. Nous allons aborder, à notre tour, cette importante question, en suivant le même plan de discussion que pour le rail-way de Bastia à Bonifacio. Nous examinerons donc successivement la direction que le tracé devrait suivre, les dépenses approximatives qu'entraînerait l'exécution du projet. les frais et les ressources probables de l'exploitation.

Quel devrait être le tracé de la nouvelle ligne ? En se rendant compte des difficultés topographiques pour passer du versant oriental au versant occidental de l'île, on constate que l'on se heurte de tous côtés à la chaîne transversale, à l'exception du col de Santa-Maria, dans le canton de Lama, point d'intersection des deux grandes chaînes longitudinale et transversale. Ce col, situé à 470 mètres au-dessus du niveau de la mer, permet de passer, sans trop de dépenses, de la vallée du Golo dans celle de l'Ostriconi ; mais cet avantage disparaît en présence de la longueur et des difficultés du tracé de Calvi à Ajaccio, et de l'absence presque complète de centres de population sur la plus grande partie du parcours.

En portant nos investigations sur d'autres points, nous nous trouvons en présence de trois projets : le premier desservirait l'arrondissement de Sartène et s'embrancherait au chemin de fer oriental entre Bonifacio et Portovecchio ; le second suivrait le cours du Tavignano pour traverser le col de Vizzavona ; le troisième pénètrerait dans la vallée du Golo et se confondrait avec le deuxième projet, à quelques kilomètres au delà de Corte.

Nous avons à nous prononcer entre ces trois tracés et nous le ferons sans hésiter, malgré le côté délicat de la question que nous allons aborder. Nous avons d'ailleurs trop de confiance dans le patriotisme et le bon sens des populations pour ne pas être convaincu, que les compétitions s'effaceront devant l'intérêt général.

La distance de Bastia à Ajaccio est de 153 kilomètres par la route impériale n° 193; elle serait de 208 kilomètres en passant par Aleria et la vallée du Tavignano. La ligne de Bastia à Ajaccio, par Portovecchio et Sartène, porterait cette distance à 280 kilomètres environ. Personne ne peut révoquer en doute, que l'embranchement sur Ajaccio ne doive avoir principalement pour but d'établir des relations promptes et faciles entre Bastia et le chef-lieu du département; à moins de difficultés insurmontables, le trajet le plus court mérite la préférence, puisque, indépendamment de la célérité de locomotion, on se trouve en présence d'une question d'économie, le prix de transport des voyageurs et des marchandises variant d'après les distances parcourues. Or le prix moyen des places qui, par le Golo, serait de 8 fr. 80, et de 12 fr., par le Tavignano, s'élèverait à 16 fr. 10 en passant par Sartène. La durée du parcours varierait aussi dans des proportions identiques. A ce premier point de vue, l'hésitation ne serait pas permise, et l'on devrait se prononcer en faveur de la ligne de Bastia à Ajaccio en passant par Ponte Leccia et Corte.

La solution sera la même si l'on se préoccupe des difficultés d'exécution. L'embranchement par Sartène n'aurait que 130 kilomètres environ, mais il présenterait des difficultés sérieuses. On se trouverait en pleine montagne. Il faudrait traverser successivement les vallées de l'Ortolo, du Valinco ou de Tavaria, du Taravo, et l'on serait obligé de construire plusieurs tunnels, parmi lesquels nous signalons surtout un tunnel de plus de quatre kilomètres de longueur, entre les vallées de l'Ortolo et du Taravo près de Sartène.

Le tracé par le Tavignano serait de 135 kilomètres environ d'Aleria à Ajaccio. Mais, sans parler, pour le moment, de la section de Corte à Ajaccio, nous constatons que la vallée du Tavignano offre des difficultés assez sérieuses. Les sinuosités trop fréquentes du lit de la rivière nécessiteraient la construction de plusieurs ponts, et même l'ouverture de quelques tunnels peu considérables pour éviter des courbes très-dangereuses.

L'embranchement par le Golo aurait un développement de 133 kilomètres. A partir de Corte, il rencontrerait les mêmes obstacles que le tracé du Tavignano, mais il est incontestable que la première section pourrait être exécutée avec une dépense moindre.

Ainsi, au double point de vue du parcours et des difficultés d'exécution, le tracé du pont du

Golo à Ajaccio, par Ponte Leccia et Corte, se recommande, d'une manière toute spéciale, à l'examen du gouvernement. Si nous recherchons maintenant l'intérêt des populations, les avantages du
tracé direct deviennent encore plus saillants.

Il n'entre pas dans notre pensée de mécon-
naître la prospérité future de cet arrondissement
de Sartène si vaste, si fertile et appelé à un si
grand avenir. Nous reconnaissons que cette partie du territoire sera un jour une des plus riches
de l'île, mais nous devons constater que le chemin de fer ne desservirait utilement que six ou
sept cantons, dont la population totale ne dépasse
pas 25 mille âmes, et que, d'ailleurs, le tracé
trop rapproché de la mer n'atteindrait pas le but
que l'on se propose, de répandre l'aisance et le
bien-être dans l'intérieur de l'île.

Le tracé par le Tavignano, en ce qui concerne
les populations desservies dans la section d'A-
leria à Corte, ne supporte pas l'examen; nous
passons donc au tracé par Ponte Leccia. Ce chemin de fer diviserait la Corse en deux parties à
peu près égales. Il desservirait presque tout
l'arrondissement de Bastia, une partie de l'arrondissement de Calvi par la station de Ponte Leccia, et les arrondissements de Corte et d'Ajaccio,
c'est-à-dire les centres les plus riches et les plus
populeux. Sous ce rapport comme sous les deux

autres, la préférence que nous accordons au tracé direct est donc parfaitement justifiée.

Cette conclusion est sanctionnée par l'expérience. Toutes les fois qu'il s'est agi de créer un chemin de fer, on s'est presque constamment attaché à suivre les errements du passé. Les routes impériales n'ont été ouvertes qu'à la suite d'études consciencieuses sur la rapidité du parcours, les difficultés de l'exécution et l'intérêt des populations. Quand on a voulu ne tenir aucun compte des études antérieures et de l'expérience acquise, on n'a pas tardé à reconnaître, en présence des résultats, qu'en pareille matière les innovations sont dangereuses. En adoptant un tracé autre que celui de l'artère principale, on s'exposerait à d'amères déceptions, contre lesquelles nous tenons à prémunir l'opinion publique et le gouvernement.

Ces points établis, nous devons rechercher la dépense qu'occasionnera l'exécution du tracé par Ponte Leccia et Corte. Les difficultés à surmonter sont sérieuses, mais nous espérons démontrer qu'on les a beaucoup exagérées.

Du pont du Golo au Stretto d'Omessa, situé entre le pont de Francardo et Caporalino, la distance est de 35 kilomètres. La voie ferrée ne devra pas s'écarter beaucoup du tracé de la route impériale. Les difficultés d'exécution sont tout-à-fait secondaires. Sauf deux ou trois tranchées de peu d'importance, pratiquées dans les berges formées par le cours du Golo, il n'y aura d'autres travaux d'art que la construction de trois ponts à Pontenovo, à Ponte Leccia et à Ponte Francardo. Les accidents de terrains pourront être évités à l'aide de courbes d'un rayon assez étendu pour ne pas nécessiter un ralentissement dans la marche des trains.

Dans cette partie du tracé, le chemin de fer devra s'élever par une rampe peu sensible. Le pont du Golo est à 45 mètres d'altitude, tandis que le Stretto d'Omessa se trouve à 303 mètres au dessus du niveau de la mer. La distance à parcourir étant de 35 kilomètres, la rampe sera en moyenne de 7 millimètres par mètre et ne dépassera sur aucun point dix millimètres.

Les travaux d'art consistant seulement dans la construction de trois ponts, nous pourrions adopter, pour base du prix de revient des travaux, le devis approximatif que nous avons fixé pour le chemin de fer de Bastia à Solenzara. Mais comme, sur cette partie du tracé, il faut faire une plus large part à l'imprévu, nous porterons de 94,000 à 120,000 fr. le prix de revient par kilomètre.

Les obstacles sérieux surgissent à partir du Stretto d'Omessa. Il s'agit de franchir le col de

San Quilico pour passer de la vallée du Golo dans celle du Tavignano. Le Stretto d'Omessa est à 303 mètres d'altitude et à la borne 98, tandis que le col de San Quilico, situé à la borne 91-25, se trouve à 556 mètres au-dessus du niveau de la mer. La distance à parcourir est donc de 6,750 mètres. Il serait possible sans doute, en suivant le tracé de la nouvelle rectification dont le développement est plus considérable, de franchir le col au moyen de puissantes locomotives et sans avoir besoin de recourir à un tunnel, mais les travaux d'art seraient assez importants et les frais d'exploitation augmenteraient de manière à dépasser de beaucoup les intérêts de la dépense, occasionnée par l'ouverture d'un tunnel.

En portant à 17 millimètres la rampe du Stretto d'Omessa au col de San Quilico, sur un parcours de 6 kil. 3[4, on s'élèverait de 115 mètres environ et l'on atteindrait une hauteur de 419 mètres. On arriverait ainsi à 137 mètres au-dessous du plateau, et comme sur ce point le col est profondément échancré des deux côtés, il sera facile de pénétrer dans la vallée du Tavignano par un tunnel de 400 mètres de longueur. La nature du sol et la possibilité de creuser des puits pour activer les travaux, permettront de réduire la dépense à 1,500 fr. le mètre courant, soit 600 mille francs pour tout le tunnel. En débouchant dans la vallée du Tavignano, on atteindra sans difficulté et sans pente ni rampe le pont de l'Orta, à la borne 84, 8 dont l'altitude (429 mètres) correspond à celle du tunnel de San Quilico. Du pont de l'Orta à Corte la distance est à peine d'un kilomètre, et le tracé pourra suivre sans variation de niveau.

Du Stretto d'Omessa (borne 98) à Corte (borne 84), nous comptons un parcours de 14 kilomètres. Les frais de construction de cette partie du tracé ne dépasseraient pas 120 mille fr. le kilomètre, si l'on n'était obligé de pratiquer un tunnel de 400 mètres au col de San Quilico. En y comprenant le coût de ce tunnel, on peut en toute confiance évaluer à 150 mille francs le prix de revient kilométrique de cette section.

Ainsi, la dépense approximative pour la construction d'un embranchement, du pont du Golo à Corte, s'élèverait pour la section du pont du Golo au Stretto d'Omessa, 35 kilomètres
à 120,000 fr., ci . . . . fr. 4,200,000 »
Et pour la section du Stretto d'Omessa à Corte, 14 kilomètres
à 150,000 fr., ci . . . . 2,100,000 »

Soit en totalité, fr. . . . . . 6,300,000 »

A partir de Corte, on s'engage dans un pays de montagnes. On se trouve d'abord en présence des hauteurs de St-Pierre de Venaco, qui nécessiteraient la construction d'un long tunnel, si l'on n'avait la précieuse ressource de pouvoir éviter ces collines. La voie ferrée doit tendre à se rapprocher immédiatement du cours du Vecchio, à franchir au plus tôt cette rivière et à s'élever, dans la vallée de Vivario, par une rampe moyenne de 15 millimètres par mètre.

Au delà de Vivario on rencontre le col de Vizzavona qui est, dans cette direction, le point le plus bas de la chaîne transversale, et qui se trouve à 1,146 mètres au dessus du niveau de la mer. C'est en suivant une rampe de dix kilomètres, puis une pente d'une égale étendue, que l'on se rend aujourd'hui de Vivario à Bocognano, et que l'on passe de la Corse *cismontaine* dans la Corse *ultramontaine*. Au premier abord, les difficultés paraissent insurmontables, mais on ne tarde pas à reconnaître que les profondes échancrures, formées par les affluents du Vecchio et la Gravona, réduisent considérablement la longueur du tunnel destiné à mettre en communication les deux parties de la Corse.

En partant de Corte et en s'élevant, sur l'une des deux rives du Vecchio, par une rampe de 15 millimètres par mètre, on passe à 160 mètres environ au-dessus du village de Vivario, et on s'engage sur les plateaux successifs qui aboutissent au col de Vizzavona. La distance de Corte au sommet du col étant de 34 kilomètres, on peut, en ménageant quelques tronçons sans rampe, parvenir à 800 mètres d'altitude c'est-à-dire à 346 mètres en contre-bas du plateau de Vizzavona. En profitant des deux échancrures, formées par le Vecchio et la Gravona, on débouchera dans la vallée de Bocognano par un tunnel de deux kilomètres de longueur, et dont la construction offrira des difficultés sérieuses. A la sortie du tunnel, on ne tardera pas à se placer au-dessus de la route impériale pour gagner de nouveau cette route au delà du pont d'Ucciani, à trente kilomètres environ du plateau de Vizzavona. La descente s'opérera par une pente de 17 millimètres par mètre, en ayant soin d'atténuer, par des solutions de déclivité habilement échelonnées, les inconvénients d'une pente aussi longue.

La distance de Corte au point d'intersection de la voie ferrée avec la route impériale, à six kilomètres au delà du pont d'Ucciani, est de 64 kilomètres. Sauf l'étendue du tunnel, qui ne sera que de deux kilomètres, on rencontrera, sur plusieurs points, des difficultés presque aussi sérieuses que celles que l'on a eues à surmonter pour passer de la vallée de la Seine dans la vallée de la Saône. Des tranchées nombreuses, des terrassements pénibles, des murs de soutènement d'une grande

longueur élèveront, dans des proportions notables, les frais de construction. Remarquons en
outre que, pour franchir des rampes ou pentes de
17 millimètres par mètre et d'un parcours aussi
considérable, il sera nécessaire de recourir à de
puissantes locomotives. Pour éviter la construction de quelques tunnels secondaires, il faudra,
notamment au-dessus de Vivario et du côté de
Bocognano, former des courbes de 120 à 150 mètres, ce qui rendra indispensable l'emploi de ma-
chines et de wagons désarticulés. En tenant
compte de toutes ces difficultés, on peut évaluer
la dépense moyenne de cette partie du tracé à
200 mille francs le kilomètre, abstraction faite des
frais de construction du tunnel de Vizzavona qui
s'élèveront à 5 millions.

Pour les 20 kilomètres restant à parcourir pour
se rendre à Ajaccio, on suivra les errements de
la route impériale par une pente de 15 millièmes,
pour les six premiers kilomètres, et de 10 millièmes pour le reste du parcours. Cette partie du
tracé n'offrira aucune difficulté et ne nécessitera
pas de travaux d'art importants. On peut évaluer
à 120 mille francs en moyenne le prix de revient
par kilomètre.

Telles sont les conditions économiques qui rendent possible la construction d'un chemin de fer
de Bastia à Ajaccio. Il est utile maintenant de

faire une récapitulation des frais de construction pour se rendre compte de la dépense approximative :

1° Section de Bastia à Corte, fr.   6,300,000   »

2° De Corte à la borne 20, à 6 kilomètres au delà du pont d'Ucciani, 62 kil. à 200 mille fr. le kil. : 12,400,000   »

3° Tunnel de Vizzavona (deux kilomètres).   5,000,000   »

4° De la borne 20 à Ajaccio, 20 kilomètres, à 120 mille francs le kilomètre, ci.   2,400,000   »

Total.   .   fr. 26,100,000   »

La dépense totale étant de 26,100,000 fr., et la distance à parcourir de 133 kilomètres, la moyenne du prix de revient par kilomètre serait de 196,240 francs. Nous sommes loin, on le voit, des évaluations et des appréhensions exagérées qui semblaient devoir faire ajourner indéfiniment l'exécution de cet important travail. Nous avons même la conviction que la dépense réelle restera au-dessous de nos évaluations.

Mais comment sera-t-il pourvu à cette dépense? Quelle sera la part de l'Etat dans les frais de construction? Elle devra s'élever en proportion des difficultés d'exécution que la compagnie aura à surmonter. Une subvention de 100 mille francs le kilomètre nous paraît indispensable. Cette subvention, inférieure à celle accordée pour certaines parties du nouveau réseau, égale la subvention moyenne (97,000 fr.) allouée pour l'ensemble de l'ancien réseau. La légitimité de nos prétentions ne saurait être contestée, en présence des avantages exceptionnels accordés à diverses compagnies. Et comme nous ne pensons pas que des objections sérieuses puissent être soulevées contre le principe d'une subvention de 100 mille fr. le kilomètre, nous n'hésitons pas à tenir compte de cette subvention, sur la base précitée, et à en déduire le montant de la dépense générale prévue pour l'exécution des travaux.

D'après nos évaluations, les frais de construction de cet embranchement s'élèveraient à la somme de . . . . fr. **26,100,000** »

A déduire, subvention de l'État à raison de 100 mille francs le kilomètre, soit pour 133 kilom. . **13,300,000** »

Resterait à la charge de la Comp. **12,800,000** »

Ainsi, après déduction de la subvention de l'État, le capital net, nécessaire à la Compagnie pour la création d'un chemin de fer du pont du Golo à Ajaccio, ne s'élèverait qu'à la somme de 12,800,000 fr. Nous devons rechercher maintenant quelle serait la recette annuelle nécessaire pour couvrir l'intérêt du capital dépensé et les frais d'exploitation.

Les dépenses de premier établissement à la charge de la compagnie devant s'élever à 12,800,000 fr., l'intérêt annuel de ce capital serait représenté par une somme de 640,000 fr., au taux de 5 pour cent et de 704,000 fr. en y comprenant l'amortissement.

Pour la ligne de Bastia à Bonifacio, nous avons évalué les frais d'exploitation, à raison de 2 fr. 50 par kilomètre de parcours effectif, tandis que, pour les chemins de fer français, ces frais ne dépassent pas 1 fr. 29 c. par kilomètre. Malgré cette exagération de la dépense annuelle, nous voulons tenir compte, pour la ligne de Bastia à Ajaccio, du surcroit de frais qui sera occasionné par l'emploi de puissantes locomotives sur une partie du parcours, et nous porterons à 3 fr. les dépenses totales d'exploitation par kilomètre de parcours effectif. Comme pour la ligne du littoral, deux trains à l'aller et deux trains au retour, correspondant avec les trains se rendant de Bastia à Bonifacio, suffiront, pendant les premières années, pour satisfaire à toutes les exigences. Du pont du Golo à Ajaccio on compte 133 kilomètres; le parcours quotidien de ces quatre trains serait de 532 kilomètres et la dépense, calculée à raison de 3 fr. le kilomètre, s'élèverait à 1,596 fr. par jour, soit 582,540 fr. pour toute l'année. La dépense nette, par kilomètre et par an, serait donc de 4,380 francs.

En récapitulant ces deux sommes nous trouvons :

1° Intérêt à 5 p. 0/0 du capital dépensé par la compagnie (12,800,000) avec amortissement calculé au même taux, ci. . . . . fr.   704,000

2° Frais d'exploitation à raison de 1,596 francs par jour, soit pour toute l'année.   582,540

Total. . . . fr.   1,286,540

Cette somme est considérable, nous ne le contestons point. Il est facile cependant de se convaincre qu'elle doit subir une forte réduction par le report de l'excédant de recettes, assuré par l'exploitation de la ligne de Bastia à Bonifacio, après paiement de l'intérêt du capital et des frais d'exploitation. Le réseau corse devant être concédé à une seule et même compagnie, ce report ne peut souffrir aucune difficulté. Or, d'après les chiffres posés plus haut, l'excédant de recettes, provenant de l'exploitation du chemin de fer de la côte orientale, s'élèverait approximativement à la somme de 833,850 francs, en y comprenant le produit du mouvement de transit pour la Sardai-

gne; il resterait donc à parfaire 152,690 francs
pour faire face aux dépenses totales de l'exploitation du réseau corse et à l'intérêt du capital
dépensé. Nous devons nous demander si la ligne
du pont du Golo à Ajaccio est susceptible de donner une recette aussi minime.

CHAPITRE VII.

Embranchement du pont du Golo à Ajaccio. — Produit du transport des voyageurs. — Recettes provenant du transport des marchandises. — Conditions financières de l'ensemble du réseau. — Possibilité d'arriver à une solution par l'aliénation d'une faible partie des richesses forestières de la Corse. — Conclusion.

La ligne de Bastia à Ajaccio produira largement le complément de la recette nécessaire pour couvrir les frais d'exploitation et l'intérêt du capital dépensé. Nous avons constaté que la somme à parfaire ne dépasserait pas 452,690 fr. Pour se convaincre que l'exploitation de cette partie de nos rails-ways ne sera onéreuse ni pour la compagnie concessionnaire ni pour le Trésor public, il suffit de se rendre compte de l'importance des centres de population que l'embranchement projeté est appelé à desservir. Par la station du pont du Golo, le chemin de fer recevra tous les voyageurs qui, de Bastia, du Cap-Corse, ou de la côte orientale jusqu'à Cervione, devront pénétrer dans l'intérieur de l'île et se rendre à Corte ou à Ajaccio. Cette première agglomération représente une population de près de 70 mille âmes, dont les rapports avec le centre de l'île sont très-fréquents. Les cantons de Campile, Porta, Piedicroce et Campitello, la riche province du Nebbio elle-même pour ses communications avec la partie Sud de la Corse, seront desservis par la station de la Barchetta. La gare centrale de Ponteleccia, dont l'importance a été signalée par M. Conte Grandchamps, ingénieur en chef du département de la Savoie, recevra les voyageurs et les produits de l'arrondissement de Calvi et d'une partie de l'arrondissement de Corte. Le reste de ce dernier arrondissement et l'arrondissement d'Ajaccio profiteront des stations de Corte, de Vivario, d'Ucciani et de la gare d'Ajaccio ; de sorte que près des quatre cinquièmes de la population de l'île, soit 200,000 âmes environ, seront obligés de recourir à la voie ferrée, de Bastia à Ajaccio, pour les communications entre le deça et le delà des monts et vice-versa ou entre des points intermédiaires.

Cet exposé rapide donne déjà une idée assez complète de l'importance de la circulation actuelle sur la route impériale n° 193, dont les errements seront suivis par le futur rail-way. De Corte à Bastia (69 kilomètres), le mouvement des voyageurs est très-considérable. Il égale, s'il ne le dépasse point, le mouvement constaté dans la partie la plus fréquentée de la côte orientale, de Cervione au pont du Golo, et l'on peut sans exagération admettre que la circulation, sur le pont de la Barchetta, est aussi active qu'au passage du Golo sur la ligne de Bastia à Bonifacio. Dans la section de Corte à Ajaccio (84 kilomètres), le mouvement se ralentit; mais, malgré l'obstacle que le passage du col de Vizzavona oppose aux communications entre les deux parties de la Corse, la circulation y est sans contredit plus considérable que dans le reste du parcours de la route du littoral, depuis Cervione jusqu'à Bonifacio.

L'exactitude de ces données ne sera par contestée par ceux qui se sont rendu compte du mouvement des voyageurs sur la route impériale n° 193. Nous pourrions donc accepter, comme dignes de confiance, les chiffres modestes que nous avons posés dans notre discussion sur le projet de chemin de fer de Bastia à Bonifacio, si nous n'étions obligé d'avoir égard à la différence dans le parcours moyen de chaque voyageur, par suite de la difficulté des communications entre les deux parties de la Corse. Ce dernier obstacle sera aplani, il est vrai, par la construction d'une voie ferrée, mais comme nos calculs portent uniquement sur les ressources que la circulation actuelle assure à l'exploitation, nous devons diminuer nos évaluations de manière à ne donner lieu à aucune controverse. Pour le chemin de fer de Bastia à Bonifacio, nous avons volontairement réduit de 3,000 à 1,200 le nombre des voyageurs, aller et retour, qui profiteront chaque jour du rail-way; bien que la circulation soit au moins aussi active sur la route impériale 193, nous n'acceptons pas ce chiffre qui cependant pourrait être parfaitement justifié. La différence dans le parcours moyen de chaque voyageur nous décide à porter à mille seulement le nombre des personnes qui seront transportées, chaque jour, par le chemin de fer et pour une distance moyenne de 30 kilomètres, à raison de 5 cent. 75 le kilomètre, ce qui donnerait une recette de 1,725 fr. par jour, soit de 629,625 fr. par an.

Cette évaluation, dont les esprits les plus défiants ne pourront contester la modération, sera évidemment dépassée dès les premières années de l'exploitation. C'est surtout dans les centres de population que les chemins de fer développent l'activité et la vie. Les contrées, desservies par l'embranchement de Bastia à Ajaccio, sont très-populeuses; et dès que la création du rail-way aura rendu faciles et commodes les communications entre les deux parties de la Corse, la circulation augmentera dans des proportions très-sensibles.

Nous nous bornerons néanmoins à porter en recette la susdite somme de 629,625 fr., qui assu-
rerait déjà un excédant de 176,935 fr. sur les dépenses annuelles du réseau des chemins de fer de
la Corse.

Demandons-nous maintenant quel sera le produit probable du transport des marchandises.
Nous devons placer en première ligne le commerce d'importation ou d'exportation de l'arrondissement de Corte, qui se fait tout entier par les
ports d'Ajaccio et de Bastia, par ce dernier surtout : ce commerce est très-étendu. Les produits
de plus de la moitié de la Corse seront nécessairement transportés par ce rail-way, et formeront une masse encombrante très-considérable
le jour où la facilité et l'économie des transports
permettront aux producteurs de rechercher les
centres de consommation, et de se créer de nouveaux débouchés.

L'intérieur de l'île possède de grandes richesses minéralogiques et forestières. Les cuivres de
Castifao, les marbres si riches et si renommés de
Corte et de Serraggio, fourniront un aliment à
l'exploitation de la voie ferrée; les marbres surtout, dont l'exportation est aujourd'hui rendue
impossible par les frais énormes que les exploi-
teurs doivent supporter pour faire parvenir jusqu'aux ports d'embarquement les blocs d'une

certaine dimension extraits de nos belles et abon
dantes carrières.

Signalons enfin le transport des coupes de bois
provenant du massif forestier qui se trouve au
centre de l'île. Une grande partie des bois du
canton de Vezzani, les forêts de Vizzavona, de
Cervello, d'Asco et le grand massif, connu sous
la dénomination de forêt de Corte, seront les tri-
butaires du chemin de fer de Bastia à Ajaccio.
Malgré l'exagération actuelle des frais de transport
et l'absence de routes accessibles aux charrettes,
les forêts de l'intérieur de l'île commencent à être
activement exploitées, et l'on peut, sans hésiter,
évaluer à 30 mille mètres cubes le débit des bois
de construction, qui seront transportés annuellement par le chemin de fer dès le début de
l'exploitation. Si l'on remarque en outre que les
charbons de bois que le port d'Ajaccio exporte
pour le continent, pourront être en partie dirigés
sur Bastia pour la consommation de l'usine de
Toga; si l'on tient compte de l'importance que
la création d'une voie ferrée ne tardera pas à
donner au mouvement d'échanges entre Bastia,
Corte et Ajaccio, les trois principales villes de la
Corse, on restera sans contredit au-dessous de
la vérité, en évaluant à 70 mille tonnes le trafic
de marchandises assuré à l'embranchement d'A-
jaccio au pont du Golo. Cette estimation sera

jugée très-modérée par tous ceux qui ont observé l'activité de la circulation des charrettes entre Bastia et Corte.

Ces transports de marchandises, provenant en grande partie de l'arrondissement de Corte, s'effectueront pour des distances moyennes de 75 kilomètres, ce qui, à raison de 6 cent. 97 par tonne et par kilomètre, donnera, pour 70 mille tonnes, une recette de 365,925 francs par an.

On a vu plus haut que la recette probable du transport des voyageurs sur la ligne de Bastia à Ajaccio assurait déjà un excédant de 176,935 fr. Le produit présumé du transport des marchandises devant s'élever à 365,925 fr., l'excédant de recettes serait de 542,860 fr.

Telles sont les conditions financières de cette entreprise du chemin de fer de Bastia à Ajaccio, à laquelle on voudrait nous voir renoncer pour le moment, afin de ne pas encourir le reproche de prétentions exagérées. Si, comme nous en avons la conviction, la dépense de construction de cette partie du réseau ne dépasse pas nos prévisions, si des études consciencieuses viennent démontrer la possibilité de s'élever dans les gorges de Vivario de manière à réduire à deux ou trois kilomètres le tunnel de Vizzavona, la concession de cette partie du réseau corse devrait être faite en même temps que la concession de la ligne de

Bastia à Bonifacio. Il est vrai que les dépenses annuelles, y compris l'intérêt du capital engagé, seront de 1,286,540 francs, tandis que les recettes spéciales, provenant de l'exploitation de cette ligne, ne s'élèveront dans le principe qu'à la somme de 995,550 fr.; mais ce déficit se trouve comblé par le report de l'excédant de recette de la ligne du littoral, report régulier et rationnel, puisque la ligne principale et l'embranchement devront être construits et exploités par la même compagnie.

Que deviennent maintenant ces affirmations étranges que, au point de vue financier, les chemins de fer de la Corse ne supporteraient pas l'examen. On s'est habitué à juger notre pays avec une grande légèreté, sans se rendre compte de ses ressources aussi riches que variées. Cette souveraine injustice, dont nous avons été trop longtemps les victimes, ne peut être efficacement combattue que par des faits et des chiffres exacts. Et si nous devons dire toute notre pensée, nous avons à nous reprocher à nous-mêmes de ne pas mieux connaître notre pays. Nous n'avons que des idées incomplètes sur son commerce, son industrie et son agriculture. Chacun de nous doit donc s'efforcer d'étudier les besoins de la Corse et de répandre dans nos campagnes les notions les plus précises sur notre bilan financier, sur

nos ressources actuelles et sur les améliorations
qu'il est de notre devoir de réclamer au nom de
l'équité. Lorsque nos populations seront pénétrées
de l'étendue de leurs droits, elles manifesteront
leurs vœux et leurs aspirations avec un ensemble
et une spontanéité, qui triompheront de toutes
les résistances et désarmeront la malveillance ou
l'envie. Et spécialement, en ce qui concerne les
chemins de fer de la Corse, à présent que les faits
sont bien connus, il faut que tous nous apportions
notre pierre à l'édifice, en exposant, sous toutes
les formes légales, nos vœux et nos doléances.
Le gouvernement de l'Empereur, si bienveillant
pour la Corse, ne saurait rester insensible à ces
revendications de l'opinion publique.

Il est donc nécessaire que, dans toutes les
communes, un vaste pétitionnement s'organise.
Il faut que, de tous les points de la Corse, on
demande respectueusement mais avec fermeté
l'assimilation complète de ce département aux
autres parties du territoire de l'Empire. Que l'on
se mette à l'œuvre avec confiance, et le succès ne
tardera pas à couronner nos efforts.

Nous avons la ferme conviction que si la cause
de notre pays est plaidée avec chaleur, la vérité
se fera jour et dissipera les injustes préventions
qui existent encore contre la Corse. Pour obtenir
la solution de cette question vitale, on doit parti-

culièrement insister sur la valeur financière de la mesure que nous proposons. Nous croyons donc utile de résumer rapidement les chiffres posés dans ce travail.

Le réseau des chemins de fer de la Corse, comprenant la ligne de Bastia à Bonifacio (165 kilomètres) et l'embranchement du pont du Golo à Ajaccio (133 kilomètres), aurait un développement total de 288 kilomètres. Les rails-ways sardes déjà concédés offrent un parcours de 387 kil. 1|2. La dépense totale pour la construction du réseau corse s'élèverait à la somme de 42,540,000 fr.; l'État devrait fournir, à titre de subvention, 23,200,000 fr.; le surplus, c'est-à-dire 19,340,000 fr., resterait à la charge de la compagnie concessionnaire.

La part contributive de l'Etat, fixée à 60,000 fr. le kilomètre, pour la ligne de Bastia à Bonifacio, et à 100,000 fr. le kilomètre, pour l'embranchement du pont du Golo à Ajaccio, donnerait, pour tout le réseau Corse, une subvention moyenne de 79,798 fr. le kilomètre, légèrement supérieure à la part moyenne de l'Etat dans les dépenses de construction des chemins de fer du continent qui est de 69,000 fr.

La part de la Corse, dans les lignes déjà concédées, en égard à sa superficie, devrait être de

339 kilomètres, tandis que le réseau proposé n'aurait que 288 kilomètres. La dépense projetée ne dépasserait pas 42,540,000 francs; elle s'élève déjà à 98 millions en moyenne par département et à 146 millions pour une superficie égale à celle de la Corse. La subvention de l'Etat, par myriamètre carré, y compris la Corse et les départements annexés, est jusqu'à ce jour de 280 mille francs; elle ne serait que de 250 mille francs pour la Corse si l'on décidait la construction du réseau proposé.

Cette contribution de l'Etat, jusqu'à concurrence de 23,200,000 fr., pour faciliter la création des chemins de fer de la Corse, est considérable, nous en convenons; mais nous la réclamons avec insistance comme une compensation du fâcheux abandon et du funeste oubli, dont nous avons été trop longtemps l'objet. A ce point de vue, nos doléances sont trop légitimes pour que nous ayons à redouter que l'on nous oppose une fin de non-recevoir.

Quant à l'intérêt du capital, que la compagnie concessionnaire devrait affecter à la construction du réseau corse, il sera couvert ainsi que les frais d'exploitation par les recettes assurées, dès ce moment, aux deux lignes projetées.

Nous avons analysé séparément les dépenses et les recettes de chacune des deux lignes; il convient de les réunir en un seul tableau pour faire ressortir les avantages incontestables que l'on a la certitude de retirer de la construction des chemins de fer de la Corse :

1° Dépense annuelle pour intérêts du capital et frais d'exploitation de la ligne de Bastia à Bonifacio . . . . fr.   961,950

2° Dépense annuelle pour l'embranchement du pont du Golo à Ajaccio . 1,286,540

Total de la dépense annuelle.   fr. 2,248,490

RECETTES

1° Produit du transport des voyageurs de la Corse, ligne de Bastia à Bonifacio. fr.   755,550

2° Produit du transport des marchandises de la Corse, ligne de Bastia à Bonifacio   522,750

3° Produit du mouvement provenant de la Sardaigne   517,500

4° Produit du transport des voyageurs (embranchement du pont du Golo à Ajaccio)   629,625

5° Produit du transport des marchandises (embranchement du pont du Golo à Ajaccio)   365,925

Total de la recette annuelle.   fr. 2,791,350

La recette annuelle s'élevant à.   fr. **2,791,350**
et la dépense n'étant que de. . . . **2,248,490**
l'excédant de la recette sur la dépense
serait de. . . . . fr. **542,860**

Ainsi le gouvernement est assuré que la garantie d'intérêt du capital dépensé par la compagnie ne constituera jamais une charge pour le Trésor public. Cet excédant de recettes résulte d'estimations trop modérées pour ne pas inspirer la plus grande confiance. Nous n'avons tenu compte, en effet, que des ressources actuelles; si nous avions dû porter nos regards sur l'avenir et évaluer les recettes que la prompte transformation de notre pays, les progrès de l'agriculture, du commerce, de l'industrie, le transit de l'Afrique et de l'Orient, ne tarderont pas à procurer aux rails-ways corses, le bilan de cette opération financière se présenterait dans des conditions exceptionnelles. Mais nous avons compris qu'avec les préventions qui subsistent encore contre notre pays, il fallait avant tout être positif et ne donner aucune prise à la discussion; et cependant, malgré cette réserve, nous établissons, en nous appuyant sur des chiffres irrécusables, que les chemins de fer de la Corse donneront aux actionnaires un dividende minimum de 7 fr. 75 c. pour cent, y compris l'amortissement; dividende qui dépasse le revenu moyen des chemins de fer du continent.

Dans de semblables conditions, la concession du réseau corse est impérieusement exigée par la justice et l'équité. Il est fâcheux que l'on ait attendu si longtemps pour réclamer la complète assimilation de notre pays au reste de l'Empire. Ces hésitations s'expliquent sans doute par le découragement dont nous sommes tous atteints en présence du peu d'empressement avec lequel on s'est occupé, jusqu'à ces dernières années, de l'amélioration matérielle de ce département; mais nous regrettons que l'on n'ait pas compris plus tôt que le gouvernement réparateur, qui a tant fait pour la Corse, ne pouvait reculer devant une mesure destinée à changer la face de notre pays.

Nous avons éprouvé tant d'amères déceptions que nous sentons le besoin de faire connaître notre opinion sur le moyen le plus sûr pour doter promptement la Corse d'un chemin de fer. La concession devrait être accordée à une des grandes compagnies qui exploitent le réseau du continent. Il est hors de doute que si, au moment du grand conflit qui a surgi, il y a deux ans, entre les compagnies du Midi et de la Méditerranée, la question des chemins de fer de la Corse eût été nettement posée et sérieusement discutée, il eût été facile d'imposer la construction de nos railsways à l'une des deux compagnies et de diminuer considérablement les sacrifices du Trésor.

La Corse, dans cette circonstance, a été fatalement oubliée, mais il est temps encore de réparer cette injustice. La compagnie de Lyon-Méditerranée, déjà concessionnaire des chemins de fer algériens, nous paraît naturellement désignée pour entreprendre la construction du réseau corse.

En demandant la concession simultanée du chemin du littoral et du chemin de fer transversal, nous avons rempli notre devoir de citoyen. En ce qui concerne la ligne de Bastia à Bonifacio, l'hésitation n'est pas permise. La facilité d'exécution et le chiffre peu élevé de la dépense ne sont contestés par personne, et rien ne s'oppose à la concession immédiate et définitive de cette partie du réseau corse. Quant à la ligne de Bastia à Ajaccio, nous croyons avoir établi que les difficultés à surmonter ne sont pas très sérieuses et que les frais de premier établissement ne dépasseront pas 200 mille francs le kilomètre. S'il en est ainsi, on ne saurait comprendre un ajournement motivé par le chiffre élevé de la dépense qui, en réalité, est inférieure de plus de moitié à la dépense moyenne des chemins de fer du continent. La justice et l'équité obligeraient donc le gouvernement à ne pas négliger l'intérieur de l'île et le chef-lieu du département. Nous tenons cependant à rappeler qu'en prenant la défense de la ligne de Bastia sur Ajaccio, nous n'avons pas entendu paralyser le projet du chemin de fer de Bastia à Bonifacio, et que, quel que soit le parti auquel le gouvernement croira devoir s'arrêter, concession simultanée de tout le réseau, concession définitive pour la ligne du littoral et éventuelle pour la ligne transversale, ou bien même concession isolée de la ligne de Bastia à Bonifacio, nous sommes tellement découragé par l'injustice prolongée dont la Corse a été la victime que nous nous déclarerons provisoirement satisfait si notre pays est assuré de la prompte construction d'une des lignes proposées.

Que si l'on persistait à nous opposer le chiffre élevé de la dépense que le Trésor public devrait supporter, nous rappellerions que l'État a largement contribué à la construction du réseau de l'Empire; nous rappellerions surtout que l'Italie a cédé à la compagnie des chemins de fer de l'île de Sardaigne 200 mille hectares de terrains évalués 60 millions et représentant une subvention de 154,800 fr. par kilomètre, non compris la garantie d'un produit net égal à l'intérêt du 4 1/2 pour cent. L'État ne peut, il est vrai, disposer en Corse de terrains d'une aussi grande étendue, mais il possède une ressource bien autrement précieuse. Nos belles et riches forêts constituent un gage de plus de 240 millions.

Elles peuvent fournir actuellement, au moyen des arbres ayant déjà atteint 1^m 61 c. de tour, 24 millions de mètres cubes de bois propre aux constructions navales. Pour les forêts rendues accessibles par l'ouverture des routes forestières, le prix moyen des coupes est de dix francs le mètre cube. Au lieu de fournir une subvention, l'État pourrait céder à la compagnie Lyon-Méditerranée trois millions de mètres cubes de bois à extraire, dans le délai de dix années, des forêts situées dans le voisinage des deux voies ferrées.

Une opération de ce genre serait certainement acceptée par une compagnie sérieuse. La concession provisoire du quart de nos forêts domaniales suffirait pour dégrever le Trésor, et pour limiter ses engagements à la garantie de l'intérêt du capital dépensé.

Par l'adoption de cette mesure, le réseau corse serait construit sans que l'État eût à s'imposer de grands sacrifices. Nos richesses forestières représentent au décuple les 28 millions affectés, depuis la conquête, à l'amélioration matérielle de la Corse. En utilisant une faible partie de ce capital pour la construction de nos chemins de fer, l'État ferait un acte de justice dont personne ne pourrait raisonnablement se plaindre. Et si la compagnie concessionnaire, méconnaissant ses intérêts les plus évidents, ne voulait pas accepter cette large compensation, le Trésor public se rembourserait de ses avances, en dix annuités, par l'adjudication de coupes annuelles de trois cent mille mètres cubes de bois.

La construction des chemins de fer projetés exercera une immense influence sur l'avenir de la Corse. Ce département compte à peine 252 mille habitants : il peut porter et nourrir un million d'âmes. Plus des deux tiers de notre territoire attendent encore la main de l'homme pour prodiguer leurs trésors. L'exploitation de nos forêts est à peine commencée; nos riches carrières de marbre, de granit, de cuivre, de fer sont toujours délaissées.

Le chemin de fer de la côte orientale livrera à la grande culture près de 150 mille hectares de terres d'une fertilité prodigieuse et que M. Blanqui, le savant économiste, a comparées à la Terre Promise. Les travaux que la compagnie devra faire pour faciliter l'écoulement des eaux, et l'intervention énergique de l'État assainiront cette plaine admirable, qui fut un des greniers de Rome, et qui est aujourd'hui désolée par la *malaria*.

Dès que ce vaste territoire sera assaini, des centres de population se formeront dans les lieux mêmes où s'élevèrent jadis Aleria et Mariana, nos anciennes capitales. A défaut de la France, l'Italie nous fournira les bras qui nous manquent, et fera son profit des grands travaux de la colonisation.

Les conséquences de cette transformation sont incalculables. Les terres de la côte orientale et des vallées avoisinantes qui aujourd'hui, par suite du mauvais air, ne coûtent en moyenne que 300 francs l'hectare, ne tarderont pas à se vendre au prix de 1,500 fr. l'hectare. Il en résultera une plus value de près de 200 millions, qui permettra de modifier progressivement l'assiette de l'impôt foncier et de lui faire subir une augmentation, qui dédommagera l'État d'une grande partie de ses sacrifices. De son côté, le chemin de fer profitera de cette heureuse amélioration puisqu'il devra transporter, jusqu'aux ports d'embarquement, les produits variés d'un territoire vaste et fertile.

Nos forêts, qui peuvent jeter annuellement dans la consommation plus de deux cent mille mètres cubes de bois d'une qualité excellente, seront exploitées avec plus d'ardeur le jour où la création des chemins de fer aura développé l'esprit d'entreprise, et attiré dans notre île des bras et des capitaux. L'État se procurera ainsi un revenu de 12 cent mille francs au moins, le commerce d'exportation augmentera de huit à dix millions par an, et les rails-ways réaliseront une recette considérable, que nous avons fait pressentir, mais dont nous n'avons pas tenu compte dans nos évaluations.

Nos riches carrières de marbres, de granit, de fer, de cuivre, de plomb argentifère, aujourd'hui négligées faute de capitaux et de moyens de transport économiques, dégrèveront la France d'une partie du tribut onéreux qu'elle paie à l'étranger, répandront l'aisance dans ce département et fourniront un précieux aliment à l'exploitation des voies ferrées et à notre commerce d'exportation.

Nos sources d'eaux minérales, dont les hommes compétents ont proclamé la puissante efficacité, seront fréquentées par de nombreux malades venus du continent français ou italien, dès que la facilité des communications, offrant la perspective d'un gain assuré, permettra de faire de nos établissements thermaux des résidences agréables.

Il serait trop long d'énumérer les productions riches et variées de cette contrée si favorisée par la nature. Tous les climats se trouvent réunis sous cette latitude méridionale. Nos plaines peuvent porter admirablement les produits des tropiques, le café, l'indigo, la canne à sucre, le coton etc. Dans nos vallées ou sur nos collines prospèrent parfaitement le blé, le maïs, les légumes de tou-

tes sortes, la vigne, les arbres fruitiers, l'oran-
ger, le citronnier, le cédratier, l'olivier et le châ-
taignier. Une zone plus élevée produit l'orge, le
seigle ; beaucoup d'arbres fruitiers y réussissent encore, et bientôt on rencontre les régions froides,
où l'on retrouve le climat de la Russie septentrio-
nale et de la Suède. Une nature féconde et pro-
digue de ses dons a concentré dans cette zone des
richesses incalculables. Le chêne, le hêtre, le pin
larix y atteignent des proportions prodigieuses et
forment ces vastes forêts sans rivales dans le centre et dans le midi de l'Europe.

Lorsque la création d'un chemin de fer aura
permis de développer les germes puissants de
prospérité que notre pays renferme, la Corse se
transformera rapidement et deviendra, en peu
d'années, une des contrées les plus riches de
l'Europe. Sans parler des produits intertropicaux,
dont la culture mérite d'être encouragée, nous
pourrons faire une exportation considérable de
céréales de toutes sortes et de vins exquis. Mais
c'est surtout dans l'arboriculture que nous trou-
verons notre principale source de richesse. Mieux
entretenus et mieux cultivés, nos bois de citron-
niers, d'orangers, de cédratiers, d'oliviers, d'a-
mandiers, de figuiers, peuvent, si leur plantation
est développée, exonérer la France du lourd tribut qu'elle paie à l'étranger, et qui s'élève annuellement à plus de 50 millions.

Pour réaliser promptement ces importantes améliorations, il suffit de placer ce département au niveau du reste de l'Empire, sous le rapport des voies de communications intérieures et maritimes. La création des chemins de fer est le meilleur moyen d'atteindre cet heureux résultat, car avec les rails-ways, l'assainissement de nos plaines, la mise en rapport des deux tiers de notre territoire encore inculte, le perfectionnement des procédés agricoles et l'accroissement de la population par l'immigration française ou italienne ne tarderont pas à changer la face de ce pays.

Le Trésor profite toujours, dans une large mesure, du développement de la richesse publique. Les progrès du commerce, de l'agriculture et de l'industrie ont pour conséquence immédiate l'accroissement proportionnel des revenus de l'Etat qui est assuré de trouver, dans la régénération matérielle de ce vaste territoire, une large compensation des sacrifices que nous lui demandons avec une insistance si légitime.

Les avantages de la création de nos chemins de fer ne sont pas moins saillants, si l'on consulte les intérêts généraux de la politique et du commerce de l'Empire. Heureusement située au milieu du grand bassin de la Méditerranée, la Corse, placée à quelques heures de Naples, de Livourne, de la Spezia, de Gênes et des côtes de France, domine les mers d'Espagne et d'Italie et assure à notre pays une juste prépondérance sur cette mer intérieure que nous voudrions pouvoir appeler un *lac français*. Cette importance géographique de la Corse a été encore accrue par la constitution à nos portes d'un nouveau royaume, qui est déjà une grande puissance continentale, et qui sera bientôt une nation maritime de premier ordre. Les transformations politiques que le midi de l'Europe a subies, coïncidant avec la reprise des anciennes routes commerciales par le percement de l'isthme de Suez, concentreront les plus grands intérêts matériels et politiques de l'Europe dans cette partie de la Méditerranée où se décideront les destinées du monde. Par l'étendue de ses côtes, par ses golfes vastes et sûrs, la Corse est l'avant-garde militaire et commerciale de la France (*).

Un chemin de fer parcourant le littoral oriental et traversant la Corse sera d'une immense utilité pour la défense de l'île. Si un point quelconque de notre territoire était menacé, trente à quarante mille hommes vaillants et dévoués pour-

---

(*). Nous avons dû restreindre ces considérations générales pour ne pas nous exposer à des redites. A ce sujet, on pourra consulter avec fruit notre réponse à M. Clavé, rédacteur de la *Revue des Deux Mondes*.

raient se porter au devant de l'ennemi, et l'ex-
pulser sans le concours d'une armée régulière,
de sorte que la France dispose d'une étendue de
côtes considérables, protégées par le courage des
habitants, mieux qu'elles ne pourraient l'être par
des forteresses imprenables.

Ce n'est pas seulement à ce point de vue que le
chemin de fer aura son utilité. La Corse est
un point intermédiaire, dont la possession im-
porte à la sûreté de notre grande colonie africaine. Nous n'avons pas à rechercher si la conquête
de 1830 à été profitable à la France, et s'il n'eût
pas mieux valu nous borner à occuper les villes
du littoral. Les faits sont accomplis; nous avons
conquis un vaste territoire appelé, on l'espère du
moins, à devenir une France nouvelle sur le sol
africain. De nombreux colons s'y sont implantés
sous la protection de notre drapeau vaillamment
défendu par l'élite de notre armée. Or, si une
guerre maritime venait à éclater, si la fortune,
toujours favorable à nos armes sur le continent,
devait encore une fois trahir les efforts de nos
braves marins, si les escadres anglaises assu-
raient la prépondérance du pavillon ennemi, de
quel secours la Corse ne serait-elle pas pour la
France? Les renforts et les approvisionnements,
transportés en une nuit de Nice à Bastia, gagne-
raient l'extrémité méridionale de l'île par les voies

rapides, traverseraient, en moins d'une heure, le détroit de Bonifacio sous la protection des batteries franco-italiennes, profiteraient du chemin de fer jusqu'à Cagliari et pourraient, en treize heures et par une nouvelle traversée de nuit, débarquer à Bone ou à Stora. Que l'on jette les yeux sur une carte marine, et l'on acquerra la preuve que cette voie est la seule qui nous serait ouverte, si nos escadres ne réussissaient pas à tenir en échec les flottes de l'Angleterre. Les croisières seraient impuissantes à intercepter des communications, qui pourraient toujours se faire pendant la nuit.

Par un sentiment de réserve que tout le monde comprendra, nous n'insisterons pas plus longuement sur les avantages que la possession de la Corse et la création d'un chemin de fer, sur le littoral oriental, offriraient à la France dans certaines éventualités, surtout si notre jeune alliée d'aujourd'hui devenait plus tard notre ennemie. Nous nous occuperons de préférence des bienfaits qu'une longue paix peut départir à notre pays.

A ce point de vue, la Corse est appelée à un grand avenir, si la construction d'un chemin de fer coïncide avec l'amélioration de nos voies de communications maritimes.

En signalant les avantages de l'ensemble du réseau sardo-corse, nous avons esquissé à grands traits les raisons qui doivent faire adopter, par les voyageurs venant de l'Afrique et de l'Orient, la voie rapide de Cagliari, Bonifacio et Bastia. L'économie de temps et d'argent, la diminution des risques de mer ont été trop nettement indiqués pour qu'il soit nécessaire d'y revenir ici. Nous ferons seulement remarquer, que cette voie sera suivie de préférence à toute autre, dès que le réseau insulaire sera achevé et que, sous ce rapport, on n'aura à redouter aucune déception.

Tous les voyageurs venant de l'Egypte, des Indes, de Tripoli, de la Tunisie traverseront la Sardaigne et la Corse. Ce transit sera pour les deux îles une source de richesse et exercera une immense influence sur leur avenir. Si le chemin de fer se procurera ainsi une recette dont nous n'avons pas tenu compte dans nos calculs, mais qui, à elle seule, pourrait dans un délai très-rapproché, couvrir la plus grande partie des frais d'exploitation, n'est-il pas évident que les deux îles y trouveront, de leur côté, un nouvel élément de colonisation? La Corse n'est pas assez connue; le jour où elle deviendra un point de transit obligé entre deux parties du monde, beaucoup de voyageurs s'y arrêteront et s'y établiront. Alors ce pays trop ignoré révélera la prodigieuse fécondité d'un sol admirable, les richesses de ses

carrières, de ses mines et de ses forêts. Les capitaux, qui nous manquent, viendront à nous
avec confiance, et la Corse, régénérée, contribuera puissamment à développer la prospérité
nationale et à accroître la force et la richesse de
l'Empire.

Pour obtenir ces grands résultats, il faut que
la France, sans renoncer à ses établissements de
la Cochinchine et de la nouvelle Calédonie, s'occupe de l'amélioration de nos voies de communication maritime. Sous ce rapport, aucun pays de
l'Europe n'est aussi arriéré que la Corse; la Sardaigne elle-même a sur nous une supériorité incontestable. La création du chemin de fer de Bastia à Bonifacio, en attirant les voyageurs de
l'Afrique et de la Sardaigne, permet d'accroître
nos relations postales sans imposer au Trésor de
trop grands sacrifices.

Un ingénieur distingué, M. Conte Grandchamps, qui a laissé dans notre pays d'excellents
souvenirs, a exposé, il y a quelques années, un
plan d'ensemble qui modifiait complétement l'organisation des services postaux de la Méditerranée, et faisait de la Corse le centre de tout le
mouvement de la navigation à vapeur subven-
tionnée par l'État. Cette vaste conception, dont la
hardiesse et les avantages ont frappé l'esprit de
l'Empereur, était inspirée par la situation excep-

tionnelle de la Corse, à côté des grands pays qui l'entourent. Mais nous avons éprouvé trop de déceptions pour conserver l'espoir que l'on puisse donner suite aux projets de M. Conte Grandchamps. Nos vœux sont plus modestes; que l'on nous permette de les formuler.

Il faut actuellement 59 heures pour se rendre de Bone au continent français. En passant par Cagliari, Bonifacio et Bastia on arrivera à Nice en 32 heures : différence 27 heures. La traversée de mer ne sera que de 28 au lieu de 59 heures : différence 31 heures.

L'intérêt de la France à établir une ligne postale de Bone à Cagliari est donc évident. Cette voie rapide sera préférée en temps de paix par tous les voyageurs de la province de Bone et de la Tunisie. En temps de guerre, elle constituera le moyen de communication le plus sûr et le plus rapide entre la France et l'Algérie. — La traversée de Bone à Cagliari n'étant que de 15 à 16 heures, il sera possible de faire trois voyages par semaine sans imposer à l'État de grands sacrifices.

Cette ligne serait aussi d'une immense utilité pour toute l'Algérie, où les bras manquent à la culture des terres et aux travaux de colonisation. La Corse et la Sardaigne reçoivent tous les ans vingt cinq mille ouvriers italiens, sobres, laborieux et dont le salaire est très-modeste. — Quel-

ques-uns se rendent en Algérie, en passant par
Gênes et Marseille. Ils sont obligés de faire des
traversées longues et pénibles, qui absorbent
leurs petites économies et les découragent. Le service de Cagliari à Bone leur permettra de profiter du réseau franco-sarde et de se rendre à la
côte d'Afrique par une traversée de mer de
22 heures. L'économie de temps et d'argent qui
sera ainsi réalisée, fera donner la préférence à
l'Algérie où le salaire est assez élevé, et qui se
procurera ainsi tous les ans les bras qui lui manquent. Et comme les Italiens s'attachent aux pays
où ils trouvent le moyen de gagner leur vie, un
grand nombre d'entr'eux se fixeront en Afrique
et feront faire de grands progrès à notre colonie.
Alors même que la ligne de Cagliari à Bone ne
devrait avoir d'autre résultat que de développer
l'immigration périodique des travailleurs italiens,
cet avantage serait déjà assez important pour justifier l'établissement d'un service postal de Cagliari à Bone.

Comme conséquence de cette mesure et aussi
pour assurer à la Sardaigne et à la Corse le transit de tous les voyageurs venant de l'Inde, de
l'Egypte, des régences de Tunis et de Tripoli, il
faudrait établir trois courriers par semaine de
Bastia à Nice, dont le départ et l'arrivée seraient
combinés avec les trains du chemin de fer et avec

le service de Cagliari à Bone. La traversée moyenne de Bastia à Nice étant de 12 heures seulement, ce service ne serait pas très-onéreux pour le Trésor, à cause du mouvement considérable de voyageurs, qui viendrait diminuer le montant de la subvention.

Il faudrait enfin devancer le gouvernement italien en établissant un courrier quotidien de Bastia à Livourne ou à Piombino. La traversée s'effectuerait en 6 heures de Bastia à Livourne et en 4 heures de Bastia à Piombino. Cette ligne postale, pouvant compter sur presque tout le transit des voyageurs à destination de la Sardaigne et vice-versa, n'exigerait qu'une subvention peu considérable, qui serait en partie couverte par une augmentation de la recette postale.

Nous soumettons ces considérations générales à l'examen de ceux qui ont à cœur de développer la prospérité de ce pays. Il ne s'agit pas seulement de la régénération de la Corse; la création des chemins de fer insulaires, coïncidant avec l'amélioration des communications maritimes, assurera à la France des avantages hors de proportion avec les sacrifices qu'elle devrait s'imposer.

Nous avons prouvé qu'au point de vue financier, les rails-ways insulaires ne peuvent soulever d'objections sérieuses. Au nom de l'équité et de la justice, nous demandons l'assimilation complète de notre pays au reste de l'Empire. Nous espérons que cette grande affaire sera examinée sans prévention, sans parti-pris. Une étude consciencieuse aplanira tous les obstacles.

La Corse attend avec confiance la solution de cette question vitale de laquelle dépendent sa prospérité et son avenir. Le berceau de la dynastie napoléonienne ne peut être toujours déshérité. L'heure de la réparation a sonné; cette réparation ne sera complète que le jour où la Corse aura été dotée d'un chemin de fer.